Stock Investment

1万円を1年で100万円に!

はじめての人の「株式」投資生活

JACK

ぱる出版

はじめに　初心者でも稼げる少額投資法を教えます

「株に手を出してみたいけど、お金がない」

「興味はあるけど、損するのが怖い」

「少しやったものの、負けたので止めた」

本書を手に取られた方はこんな人が多いと思います。

懇親会やオフ会の場で、株式投資を初めてやる方や興味を持った方によくこう聞かれます。

「株式投資を実践するにはいくら必要なのですか」

そんなとき、私はこうお答えしています。

「本格的に始めたいなら１００万円はほしいですね。それくらいあれば10万円の株が10銘柄近く購入できます。手始めに半分の50万円で株式投資をして感覚をつかむなど、様々な方法が選択できます」

しかし、その１００万円を貯められない、あっても投資には回せないという方がほとんどではないでしょうか。もちろん、中には、相続、あるいは退職金等で種銭を用意できている方もいますが、ごくわずかの方々と感じてます。

また、せっかくいい具合で貯めているのに、たとえば手持ちが20万円になったら、レバレッジ10倍、20倍（手持ちが20万円であっても200万円、400万円で投資ができる）でＦＸに手を出して、音信不通となる方もいます。

もちろん、一気に儲ける方もなかにはいます。しかし、初心者が大成功する確率はひいき目にみて100人のうち1人ではないでしょうか。

本書は株で大儲けを狙うのではなく、本格投資の入口である100万円を稼ぐための本です。

ＦＸ投資でも株式投資でも、とにかく大儲けするとなると、それなりの手法を持ちつつ、何かしらのタイミングや運を味方にしないと難しいのです。

では、ビギナーは、負けることを前提に投資をしなければいけないのでしょうか。

私はそうは思いません。初心者には初心者にあった手法があります。株がはじめての人でも、はじめての人なりに勝てる方法があるのです。

本書は2部構成です。

1部は、1万円から始められる少額投資を中心にまとめています。

2部は、その種銭を集めるための節約術です。

私はサラリーマンをしつつ、株で2億円を稼ぎましたが、そんな私でも日々の生活は節約して種銭を貯めています。

投資はなけなしのお金をはたくものではなく、日々の生活から浮いたお金を回すものです。ぜひ余ったお金を作れるように日々の節約に励んでください。

本書で書いたことを実践すれば、1年間で100万円を稼げるはずです。

まとまった種銭がなくたって、勝てる株式投資は今日から始められます。

本書を読んで、そのことを実感してください。

2016年11月吉日

JACK

目次

1万円を1年で100万円に!
はじめての人の「株式」投資生活

第4章 右肩上がりの市場に乗れ！ アメリカの株も10万円で買える

第5章 年1回は当選？ ＩＰＯで資産を爆発的に増やす

第6章　ビギナーは達人の真似をせよ！　手っ取り早く勝ち馬に乗る

第7章　暴落も楽々スルー　ETFと個別銘柄のW投資

第10章 「セコい」と言われても道ばたの10円は拾うが勝ち

第11章 情報を制する者は投資生活を制す！

1万円を1年で 100万円にする道のり

第1章

たった1株1000円からできる株式投資

- ☑ 株アレルギーの人はまずは1株でもいいから購入する
- ☑ 1株なら暴落してもへっちゃら
- ☑ たった1株でも配当金や優待が届く株がある

1株でもいいからまずは買いなさい！

読者にとって、株式投資は初心者という方もいれば、儲からない、あるいは損が怖いのでその手のものは近寄らないという方もいるのではないでしょうか。

私の周りにも多額の損失を出して、大失敗をした方が多々います。私も最初、株式投資は怖いもの、素人がやっても儲かるワケがないと思ってました。

では、その最初の先入観やアレルギーを乗り越えるにはどのようにしたらいいでしょうか。

こちらも答えは単純です。食わず嫌いではありませんが、まずはダマされたとでも思っても構いませんので、実際に株式を購入してみればいいのです。

「えっ！　それで、下落して大損したら立ち直れないじゃないですか？」

という意見もあると思いますが、それを回避するために少額で株式投資を実践するのです。

まだ何か声が聞こえてきそうですね。

「そんな少額といっても、そもそも株式投資の種銭には最低100万円が必要と冒頭で言っているではないですか！」

はい、確かにそのとおりです。本格的に投資をしたいなら最低100万円は必要です。

しかし、実践するということであれば、実は少額で株式投資をできる手法があります。

それが、マネックス証券の「ワン株」やSBI証券の「S株」です。端株（はかぶ）と言われるもので、通常は100株単位で購入するものが1株から購入できるものです。

たとえば、誰もが知っているマクドナルドの株式を購入する場合には、通常は、株価3000円×100株の資金が必要ですから、30万円程度の資金が必要です。

それが「ワン株」や「S株」なら3000円程度で購入が可能です。

●マネックス証券の端株発注画面

入出金
投資情報
株式取引
ワン株(単元未満株)
手数料
取引ルール
お取扱い銘柄
買い注文
売り注文
注文約定一覧
信用取引
新規公開株
ETF・J-REIT
貸株サービス
外国株
債券
投資信託
オルタナティブ投資
先物・オプション
FX(為替証拠金取引)
マネックス・ゴールド
くりっく株365
商品・サービス一覧
会社情報
▸ 資料請求
スタンダード注文
条件付注文
リバース注文
ワン株注文
現在値 3,015 前日比 +5 (+0.16%) 15:00
株価更新
銘柄名
2702 日本マクドナルドホールディングス
(単位:100株)
取引規制情報

数量
株 + −
○単元株数まで買付(---株)
価格
成行
口座区分
特定口座
私は、ワン株(単元未満株)のルールを理解・承諾の上、注文します。
売気配 (15:00) 3,015
[数量] 5,500
買気配 (15:00) 3,005
[数量] 1,500
現在値 (15:00) 3,015
始値 (09:00) 3,010
高値 (09:00) 3,015
安値 (09:08) 3,005
出来高 (15:00)
145,900
制限値幅
2,315〜3,715
複数気配
四季報
銘柄詳細
注文画面のヘルプ
→ 次へ (注文内容確認)
▼ご注意
・ワン株(単元未満株)の注文は取引所での取引とならず、すべて成行注文です。
(詳細については、ワン株ヘルプ(価格)でご確認ください)
・ワン株(単元未満株)注文の用語や項目説明は、画面上の をクリックするか、ワン株ヘルプをご覧ください。
・注文画面に表示している現在値、気配値、四本値等の時価情報は、当該銘柄の優先市場のものとなります。
↑画面上部へ

ですから、仮にリーマンショックなどで、株価が2500円まで暴落したとしても、通常であれば、5万円の損失ですが、端株の「ワン株」や「S株」では、500円の損失となるので、大損して退場とか立ち直れなくなるということはまずありません。

逆に2500円でもう1株買い増しをして、取得単価を下げるというような戦略が取れます。要は、今の自分の手持ち資金に応じて株数を指定して購入できる優れものです。1株でも株主ですから、配当金の受領書も届きます。1株であってもカレンダーや、抽選アンケートでクオカードや図書カードが獲得できるものがあります。

つまり、その場合の利回りは破壊的な数値となるのです。

だから、1株だからといってバカにはできないのです。

次のページからは端株優待の例をみてきます。

私も昔は端株をたくさん持っていたので、ぜひ読者も参考にしてください。

●川崎近海汽船のカレンダー

◆利回り60％の1株優待

松屋（銘柄コード8237）

松屋デパートで使えるソフトドリンク500円として、株価が800円前後であるから、利回り60％超！

川崎近海汽船（銘柄コード9179）

船マニアの喫茶店のマスターに毎年プレンゼントして、お礼にブルーマウンテンを御馳走してもらっています。

ブルーマウンテン1000円として、株価が300円前後であるから、利回り300％超？（笑）

ちなみに、私は全盛期では端株として300株近くもらってましたから、たった1日でポストが左記のようになったこともあります。

さすがに今はこの郵送物の処理や1株でももらえる株主優待が激減したので、保有銘柄は30銘柄しかありません。

それでも、その30銘柄すべての購入金額は3万円にも達しません。

購入にかかる手数料も2000円以下になってます。

まずは、気軽に投資ができる金額で、このように端株を購入して株主になり、実際の値動きを経験することが大事ではないでしょうか。

●端株全盛期のポスト

なお、端株を購入する際には、マネックス証券のワン株やSBI証券のS株が手料も安くオススメします。

ちなみに、私自身は端株で購入している銘柄に関しましては、一切株価を監視やらチェックをしないで、今年も株主優待が送られてくるかどうかの判断だけをします。そして、廃止になれば売却、端株でも株主優待が貰える情報を得た時には購入というスタンスですから、パソコンでの発注は1回きりで、あとは「ほったらかし」という投資スタンスです。

コラム 端株で優待を2倍もらう方法

ここで紹介したように端株であっても株主優待がつくものがあります。

グーグルで「端株　優待」で検索したりすると、ブログ等で見つけることができます。

また、それ以外でも会社四季報の巻末の株主優待で、株数のところが、100以上とか1000以上の記載でなく、「全株主」という記載があれば、端株でも株主ですから、優待を獲得することができます。

たとえば7752のリコーが該当しており、リコーのHPにも以下のような文面で確認することができます。

カメラ等でリコー製品購入をするなら、実際の商品のラインアップは、量販店より安いものもありますから、必須の優待となります。

＊全株主の皆様へご案内するもの
リコー株式を保有されている全株主の皆様にリコーイメージング（株）のカメラ等の製品やリコーエレメックス（株）の時計製品等を特別価格にてご購入いただける特典をご用意しています（リコーのホームページから引用）。

また、株主優待で、一時的な保有者と長期で保有している者で、優待の価値に差がつく企業が増えてます。

ですから、なかなか株主優待を獲得するまでの株数（１００株など）に種銭を稼ぐまでに時間を要する場合には、まずは端株で株主になっておきます。

その後、種銭ができ次第、残りの株数（99株など）を購入することによって、結果的に長期保有の株主優待特典を獲得するということです。

例　ぴあ（コード：4337）3月優待

●2016年2月、100株購入
↓2500円ギフトカード獲得（株主優待）
●2016年5月、株価上昇あるいは株価下落に伴い、100株売却
●2017年2月、100株購入
↓2500円ギフトカード獲得予定（株主優待）

以上の取引も端株を交えれば、よりよい取引が可能です。たとえば、

●2016年2月、100株購入
↓2500円ギフトカード獲得（株主優待）
●2016年3月、1株購入（端株）
●2016年5月、株価上昇あるいは株価下落に伴い100株売却
●2017年2月、100株購入

↓5000円ギフトカード獲得予定（長期保有株主優待）

と、このように端株を保有しているだけで、長期保有株主優待として、一気に2倍のギフトカードを理屈的には獲得することができます。

ですから、私は機械的に残りの株数はいつどのタイミングで購入するかわかりませんが、長期保有株主特典がある場合は、まずは端株の購入だけは、すぐにします。

注意点としては、長期保有条件が端株ではNGの会社があることです。最初からそう規定しているところもありますし、前述の「ぴあ」のように途中から変更になった場合もあります。その場合、私は売却するようにしています。

第2章

10万円あればゴールが見える 100株あれば利益も100倍！

- ☑ 10万円以下の銘柄は化ける可能性も高い
- ☑ NISAの非課税枠は上限120万円まで変更
- ☑ 上場銘柄の約4割は10万円以下で購入可能

10万円以下の銘柄を1株づつ買っていく

前章では、暴落が来ても怖くない、購入した株が値下がりをしたとしても、１株という端株であるので、買い増しもできる、ということを記しました。

この場合、放置をしていてもストレスは一切感じないと思います。


しかし、値上がりした場合でも、１株ですから、仮に2倍の株価になったとしても、１回のランチ代程度しか捻出できないという計算になります。

ですから、１００株単位での購入がベストになるわけで、その規模だと1銘柄あたり10万円はほしいところです。

理由として、全上場銘柄で３５００超ありますが、２０１６年10月現在、10万円以内で購入できる銘柄は１４００超あるので、企業の約４割は、10万円以内で購入ができてしまいます。また、その際の購入の手数料も左上記のとおり、激安です。

●証券会社によって手数料は異なる

証券会社名	10万円までの取引手数料
松井証券	無料
ライブスター証券	80円
GMOクリック証券	88円
マネックス証券	100円
SBI証券・楽天証券	139円

成行注文　2016.1時点

また、10万円以下の銘柄であれば、50万円や100万円以上の銘柄と比較して、株価が2～3倍になる可能性が高くなります。

10万円以下であっても株主優待や配当でも利回りにして5％近くなるものが多数あって非常に妙味があります。

さらには、2016年より、「NISA（ニーサ）：少額投資非課税制度」の非課税投資枠が、現行の年間100万円から年間120万円に引き上げられています。

仮に10万円以下の銘柄を最大10銘柄まで買付けをして、その後、株価が思惑通り上昇して、利益確定をした場合でも、投資額が120万円の範囲内ですから、投資額の利益の税金は非課税となるのです。

なお、前章のときと考え方は同じで、10万円以下の銘柄であれば、多大な損失を受ける可能性は著しく低いのです。

もしもその銘柄が株主優待を実施していれば、破格的な優待利回りとなり、買い増しの絶好のチャンスと言えます。

以上の理由で、まずは10万円の種銭を貯めるごとに1銘柄ずつ購入していくスタンスをオススメします。

2016年10月26日現在、このように最低投資金額で購入できる銘柄数が1400近くあります。

このなかから自分に合った10万円銘柄を発掘してください。

選ぶ基準は38ページで後述します。

●10万円以下で購入できる銘柄一覧（1400銘柄から一部抜粋）

銘柄名	コード	市場	最低投資金額
(株)中央倉庫	9319	東証1部	100,000
昭和パックス(株)	3954	東証JQS	100,000
(株)フュージョンパートナー	4845	東証1部	99,900
比較．ｃｏｍ(株)	2477	マザーズ	99,900
ケンコーコム(株)	3325	マザーズ	99,900
(株)フライトホールディングス	3753	東証2部	99,900
澤田ホールディングス(株)	8699	東証JQS	99,900
日本プロセス(株)	9651	東証JQS	99,900
(株)ダイキアクシス	4245	東証1部	99,900
(株)東京ドーム	9681	東証1部	99,800
シグマ光機(株)	7713	東証JQS	99,800
新日本建設(株)	1879	東証1部	99,500
さくらインターネット(株)	3778	東証1部	99,400
大成温調(株)	1904	東証JQS	99,400
(株)Ｔ＆Ｋ　ＴＯＫＡ	4636	東証1部	99,300
内外トランスライン(株)	9384	東証1部	99,300

銘柄名	コード	市場	最低投資金額
内外テック(株)	3374	東証JQS	99,300
株)キトー	6409	東証１部	99,300
(株)アイ･オー･データ機器	6916	東証２部	99,100
宝ホールディングス(株)	2531	東証１部	99,100
(株)エコミック	3802	札幌ア	99,000
(株)アクアライン	6173	マザーズ	98,900
(株)オークファァン	3674	マザーズ	98,700
ジェコス(株)	9991	東証１部	98,700
国際石油開発帝石(株)	1605	東証１部	98,640
(株)ジェイエスエス	6074	東証JQS	98,600
乾汽船(株)	9308	東証１部	98,500
(株)シーティーエス	4345	東証１部	98,400
四国電力(株)	9507	東証１部	98,400
スズデン(株)	7480	東証１部	98,400
ＢＳ１１	9414	東証１部	98,200
(株)ベルシステム２４ホールディングス	6183	東証１部	98,200
(株)三洋堂ホールディングス	3058	東証JQS	98,100

銘柄名	コード	市場	最低投資金額
(株)明光ネットワークジャパン	4668	東証1部	98,100
ＫＯＡ(株)	6999	東証1部	98,000
(株)エーアンドエーマテリアル	5391	東証1部	98,000
(株)ニッセイ	6271	東証2部	97,800
(株)ＪＢイレブン	3066	名証2部	97,600
(株)ビジネスブレイン太田昭和	9658	東証1部	97,600
(株)フルキャストホールディングス	4848	東証1部	97,500
日本プラスト(株)	7291	東証2部	97,500
矢作建設工業(株)	1870	東証1部	97,500
ＮＴＴ都市開発(株)	8933	東証1部	97,400
カメイ(株)	8037	東証1部	97,400
ベルグアース(株)	1383	東証JQS	97,300
(株)テーオーシー	8841	東証1部	97,300
西菱電機(株)	4341	東証2部	97,300
(株)アールシーコア	7837	東証JQS	97,200
ニッパツ	5991	東証1部	97,100
ＦＤＫ(株)	6955	東証2部	97,000

銘柄名	コード	市場	最低投資金額
(株)ウィルグループ	6089	東証1部	97,000
(株)福島銀行	8562	東証1部	97,000
関西電力(株)	9503	東証1部	96,900
アルインコ(株)	5933	東証1部	96,800
(株)ヒガシマル	2058	福証	96,800
ＣＤＳ(株)	2169	東証1部	96,800
(株)ダイオーズ	4653	東証1部	96,700
(株)グリムス	3150	東証JQS	96,700
デリカフーズ(株)	3392	東証1部	96,600
(株)パルコ	8251	東証1部	96,600
昭和シェル石油(株)	5002	東証1部	96,600
(株)カネミツ	7208	東証2部	96,500
(株)アイケイ	2722	東証JQS	96,400
(株)アドヴァン	7463	東証1部	96,300
(株)ヒラノテクシード	6245	東証2部	96,000
(株)ユニカフェ	2597	東証1部	96,000
玉井商船(株)	9127	東証2部	96,000

銘柄名	コード	市場	最低投資金額
新内外綿(株)	3125	東証２部	96,000
日本研紙(株)	5398	東証２部	96,000
アトムリビンテック(株)	3426	東証JQS	95,800
ユナイテッド・スーパーマーケットＨＬＤ(株)	3222	東証１部	95,600
(株)ハークスレイ	7561	東証１部	95,400
九州電力(株)	9508	東証１部	95,300
(株)マルイチ産商	8228	名証２部	95,300
(株)ＲＶＨ	6786	東証２部	95,300
伯東(株)	7433	東証１部	95,200
オリエンタルチエン工業(株)	6380	東証２部	95,000
(株)コモンウェルス・エンターテインメント	7612	東証JQS	95,000
(株)三光マーケティングフーズ	2762	東証２部	94,900
ＴＯＡ(株)	6809	東証１部	94,900
クリエートメディック(株)	5187	東証１部	94,800
Ｅ・Ｊホールディングス(株)	2153	東証２部	94,800
(株)Ｍｉｎｏｒｉソリューションズ	3822	東証１部	94,600
昭和飛行機工業(株)	7404	東証２部	94,600

銘柄名	コード	市場	最低投資金額
イハラケミカル工業(株)	4989	東証1部	94,500
(株)ノザワ	5237	東証2部	94,500
ファーストコーポレーション(株)	1430	マザーズ	94,400
三機工業(株)	1961	東証1部	94,400
平河ヒューテック(株)	5821	東証1部	94,300
丸八倉庫(株)	9313	東証2部	94,200
サンケイ化学(株)	4995	福証	94,000
明星電気(株)	6709	東証2部	94,000
(株)エフアンドエム	4771	東証JQS	93,800
(株)ＯＳＧコーポレーション	6757	東証JQS	93,800
(株)平山	7781	東証JQS	93,700
ナノキャリア(株)	4571	マザーズ	93,700
コニカミノルタ(株)	4902	東証1部	93,600
川西倉庫(株)	9322	東証2部	93,600
(株)サイネックス	2376	東証2部	93,500
(株)テクノアソシエ	8249	東証2部	93,500

コラム 5万円以下の株を購入するときは

じつは5万円以下で購入できる株は前述した10万円株の半数近くの700銘柄近くあります。

さすがに5万円で買える株となると10万円で買える株と比較して、さすがに安すぎて魅力がない、もしくはボロ株でしょうと思われるかもしれません。

実際に私が次章で紹介する10万円以下の銘柄においてもほとんどが5万円を超えております。

では、どのようなケースでの購入が考えられるかという点では、単元株数の変更や株式分割による変更に目をつけるということであります。

簡単に言えば、ちょっと端株にも似ているのですが、例えば株価300円の株を購入する場合、発注単位が1000株から100株に変更すると、購入金額が30万円から3万円になるというものです。

つまり業績が好調な銘柄など、欲しい銘柄や買いたい銘柄の発注単位が変更になると買える銘柄がありますので、なかなか投資資金が貯まらない場合においても購入がたやすくなります。

また、新たにこのタイミングで購入する人も増えますから、単純に考えると、今まで高くて買えなかった銘柄が買えるようになるため、人気を集め、上昇しやすいように思えますが、そればかりは銘柄やその時の市況によりますので、とにかく、5万円以下で購入できてもすぐに購入するのではなくて、引きつけて1円でも安く購入することを個人的にはオススメいたします。

http://www.jpx.co.jp/equities/improvements/unit/04.html

（東証のＨＰから）

第3章

10万円以下でもこんなにあるぞ！必勝銘柄20選

☑ 少額投資は優待・配当・業績を重視する

☑ 『会社四季報』は少額投資に必携

銘柄購入のポイントは４つにしぼれ！

では、前章に紹介された銘柄から何を購入するかをここで紹介したいと思います。

ポイントは

- **１銘柄10万円以内で買える**
- **業績がいい**（経常利益が上向きがベスト）
- **配当がある**（３％以上がベスト）
- **株主優待がある**（自己消費がベスト）

また、２０１６年は９月に会社四季報が発売されていますから、そちらの内容からも自分なりの感想も合わせて記載したいと思います

＊「会社四季報」は、東洋経済社が年４回（３月、６月、９月、12月）に刊行しているもので、

80年近く上場企業を定点観測してきたものです。

上場全会社の業績予想が掲載されているものであり、その内容は徹底した取材の元、企業や証券会社側に偏らない予想であり、株式投資家のバイブルとなっています。

私は紙ベースの冊子を定期購読にて購入してますが、ＣＤ－ＲＯＭでも発売してます。クリック証券やＳＢＩ証券などのネット証券であれば口座さえ開設していれば無料で見ることができます。

本当は教えたくない20銘柄を一挙公開

※データーは、２０１６年10月28日の終値

①2928 RIZAP

株主優待…４０００円相当自社グループ商品、３月（優待利回り４・５％）

株価…８８５円

購入金額…８万８５００円

配当利回り…1・06%

四季報コメント感想…会社営業益控えめ、増配などに今後の株価上昇を期待できるのではないでしょうか。

②3023 ラサ商事

株主優待…500円のクオカード1年保有で1000円、3月（優待利回り0・84%〜1・68%）

株価…592円

購入金額…5万9200円

配当利回り…2・53%

四季報コメント感想…配当維持などで安心して長期保有と判断しています。

③3048 ビックカメラ

株主優待…年間計3000円のお買い物優待券、1年保有で年計4000円、2年保有で年間計5000円、2月と8月（優待利回り3・29％～5・49％）
株価…910円
購入金額…9万1000円
配当利回り…1・32％
四季報コメント感想…営業益続伸・最高純益とのことですから、株価の反発を期待しています。

④3167 TOKAIホールディングス

株主優待…500円のクオカード、3月と9月（優待利回り1・45％）
株価…685円
購入金額…6万8500円
配当利回り…3・21％

四季報コメント感想…大幅増配・自己株取得継続も考えられるので、株価上昇を期待しています。

⑤6044 三機サービス

株主優待…1000円のクオカード、5月（優待利回り1・25％）

株価…796円

購入金額…7万9600円

配当利回り…2・01％

四季報コメント感想…営業益順調などでチャートのもみ合いから上に抜けたいのです。

⑥6171 土木管理総合試験所

株主優待…1000円のクオカード、12月（優待利回り1・25％）

株価…800円
購入金額…8万円
配当利回り…1・88%
四季報コメント感想…営業益横ばいであるが増配。東証一部昇格も視野に入れて株価上昇を期待しています。別途1周年記念優待もありました。

⑦7177 GMOクリックホールディングス

株主優待…年間6000円の取引手数料相当額をキャッシュバック、6月と12月
（優待利回り7・66%）
株価…783円
購入金額…7万8300円
配当利回り…4・50%
四季報コメント感想…最高純益とのことですから、もみ合いを抜け株価の反発を期待しています。

⑧8848 レオパレス21

株主優待…レオパレスリゾートホテル無料宿泊券及び国内ホテル50％宿泊割引券2枚、3年以上3枚、3月（優待利回り1・47％、金券屋の買い取り価格で計算）

株価…679円

購入金額…6万7900円

配当利回り…3・24％

四季報コメント感想…大幅増配とのことですから、長期保有も一考の銘柄と考えています。

⑨9831 ヤマダ電機

株主優待…年間計3000円のお買い物優待券 1年保有で年計5000円、2年保有で年間計5500円、3月と9月（優待利回り5・54％〜10・16％）

株価…541円

購入金額…5万4100円

配当利回り…2・96％
四季報コメント感想：営業益続伸・連続増配から保有継続で問題がないと判断しています。

⑩ 9837 モリト

株主優待…1000円のクオカード、11月と5月（優待利回り2・48％）
株価…804円
購入金額…8万400円
配当利回り…1・99％
四季報コメント感想…連続増配は維持というので、今後の株価上昇を期待したいです。

⑪ 1722 ミサワホーム

株主優待…1000円のクオカード、3月と9月（優待利回り2・55％）
株価…784円
購入金額…7万8400円
配当利回り…2・55％
四季報コメント感想…営業益の戻りが鈍いので反発には時間がかかるのではないでしょうか。

⑫3245 ディア・ライフ

株主優待…1000円のクオカード、9月（優待利回り2・93％）
株価…341円
購入金額…3万4100円
配当利回り…3・52％
四季報コメント感想…建設費増あるが、連続営業増益とのことですから、株価の反発を期待しています。

⑬3280 エストラスト

株主優待…2000円のクオカード、2月（優待利回り3・49％）
株価…573円
購入金額…5万7300円
配当利回り…1・40％
四季報コメント感想…採算悪化の営業益反落とのことですから、しばしの間、底値圏の状態が続きそうです。

⑭3313 ブックオフコーポレーション

株主優待…お買物券1000円、3年以上1500円、3月（優待利回り1・23％～1・84％）
株価…812円

購入金額…8万1200円
配当利回り…3・08％
四季報コメント感想…営業益浮上とのことですから、株価の上昇も期待しています。

⑮4275 カーリットホールディングス

株主優待…1500円のクオカード、3月（優待利回り2・83％）
株価…530円
購入金額…5万3000円
配当利回り…1・89％
四季報コメント感想…営業益は横ばいですが、会社四季報の数値は強気になっています。

⑯4355 ロングライフホールディングス

株主優待…カレー詰め合わせ、2月（優待利回り5・93％、アマゾン参考価格で計算）
株価…337円
購入金額…3万3700円
配当利回り2・23％
四季報コメント感想…新規事業先行費用もあり、営業減益。しばしの間はもみ合う株価となりそうです。

⑰7412 アトム

株主優待…年間優待4000ポイント（自社、コロワイド、カッパクリエイトの対象店舗で利用可）3月と9月（優待利回り5・75％）
株価…695円
購入金額…6万9500円
配当利回り…0・29％

四季報コメント感想…一転減益とのことであり、巻き返し策を期待しています。

⑱ 7512 イオン北海道

株主優待…2500円のお買い物優待券、2月（優待利回り4・65％）

株価…537円

購入金額…5万3700円

配当利回り…1・86％

四季報コメント感想…営業益横ばい圏もあり、株価もしばし現状の水準と考えています。

⑲ 9896 JKホールディングス

株主優待 1000円のクオカード 3月（優待利回り1・83％）

株価…546円

購入金額…5万4600円
配当利回り…2・75％
四季報コメント感想…営業益が上向くのでチャート的には底値圏ではないかと考えています。

⑳9995 ルネサスイーストン

株主優待…1000円のクオカード、3月（優待利回り2・23％）
株価…447円
購入金額…4万4700円
配当利回り…2・68％
四季報コメント感想…償却軽減でも営業益底ばいから、株価の反発には時間がかかりそうです。

また、10万円以下になれば購入したい銘柄として、「GMOインターネット」「アクトコール」「帝国繊維」などを候補にしてます。

なお、具体的にいつ買うのか、いつ売却するかをさらに詳しく知りたい方には、『ど素人サラリーマンでも資産を倍々に増やし続ける株式投資』に掲載されてますから、そちらも合わせてお読みください。

コラム　暴落こそ最大の投資チャンス

〇〇ショックというような大暴落がここ数年毎年あります。

また、単にアメリカ市場の下落に伴い、日経平均株価が300円とか400円あるいは500円以上下がることがあります。

当然のことながら、ほとんどの株価が下げまくり、保有株の含み損に憂鬱な気分になってしまうことは避けようがなく、そのあたりのリスクを許容するしかありません。

しかし、そのような大暴落時こそ、新規に購入あるいは買い増しをする最大のチャンスであります。

なぜなら、前述した高配当や優待銘柄は、その企業自体の業績の悪化がなければ、基本的には継続されて実施されることから、このような一貫性のショックに伴い株価が下がったときには、単に連れ安しているだけでありますから、その下がった時に株価を購入すれば、配当利回りや優待利回りは飛躍的に高くなります。

また、一般的に、その水準からさらに株価が下落する可能性よりも優待が近づくに連れて、株価が上昇して戻るパターンのほうが多いです。

ですから、このような暴落時になった時、もしくは日頃から「この株価まで下がったら購入しよう」という銘柄と購入代金の準備だけはしておくのが賢明であります。

ちなみに、マネックス証券等の発注の有効期限は1ヶ月先の日付けまで可能ですから、暴落等がなくても、いくらなんでもここまで下がれば購入してもいいという株価で指値注文を出し、購入できたらラッキーという気持ちで放置しておくのも一考であります。

第4章

右肩上がりの市場に乗れ！アメリカの株も10万円で買える

☑ NYダウは右肩上がり

☑ まずは外国株取引口座を開設する

☑ 証券会社の手数料水準はアメリカのほうが低い

円高局面は為替差益狙う絶好のチャンス

ここまでは、日本株を紹介してきましたが、視野をもう少し広げ、世界中の株式投資家が注目するアメリカ市場を取り上げたいと思います。

基本的に世界の投資マネーはアメリカ市場を中心に動いてます。中国を中心とした新興国が伸びてきているといっても、いまだアメリカは世界で一番の経済大国です。

次ページの図を見れば、一目瞭然です。低迷気味の日本株と違い、アメリカ株は右肩上がりです。

またアメリカ株の購入は、円ではなくドルになります。なので、昨年の１ドル１２５・86円をつけてから１００円近くに下落している現在の円高局面は、為替差益も狙える絶好の投資機会でもあるのです。

●右肩上がりのアメリカ株（NYダウ）

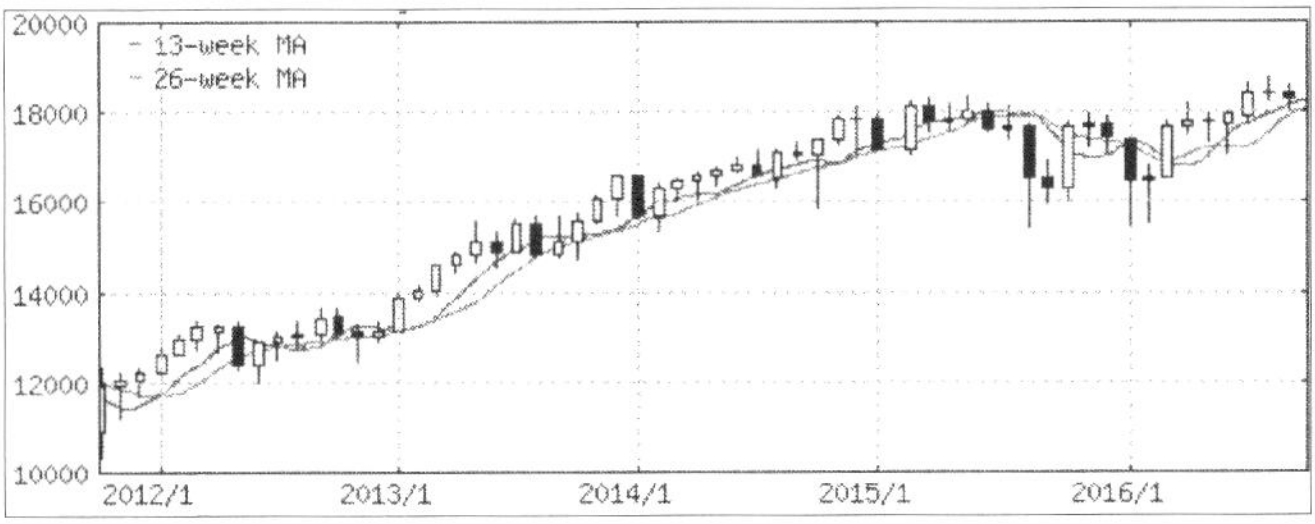

●低迷気味の日本株（日経平均）

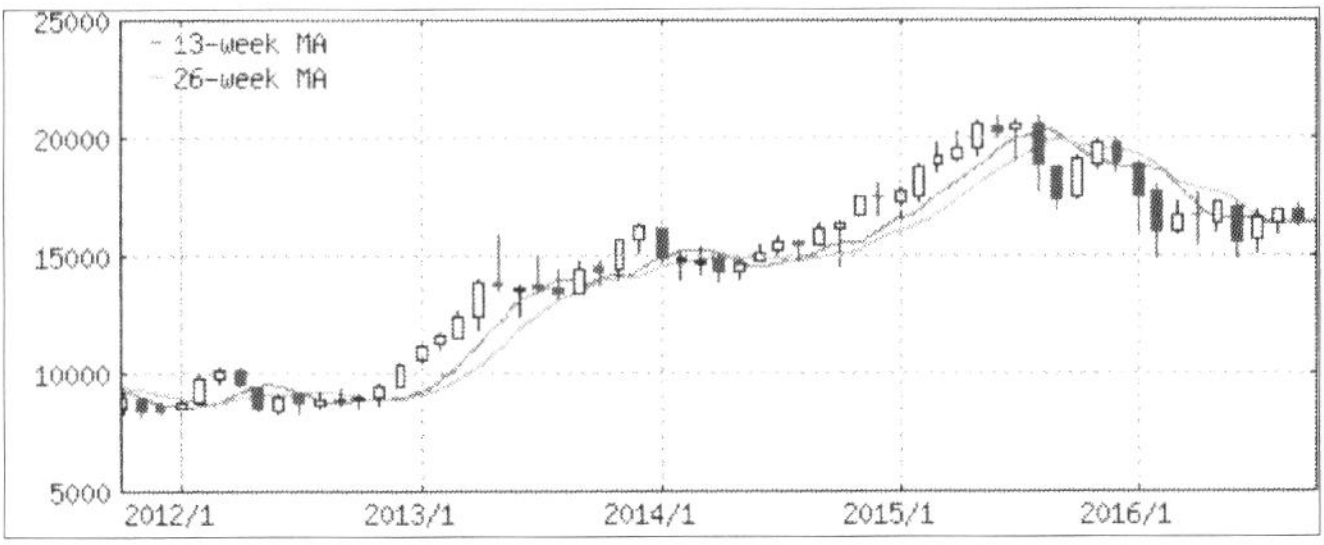

※NYダウ（ニューヨークダウ）は、「ダウ平均」や「ダウ工業株30種」とも呼ばれ、世界的なビジネス紙である「The Wall Street Journal（ウォールストリート・ジャーナル）」の発行元であるダウ・ジョーンズ（Dow Jones & Company）とスタンダード＆プアーズ（Standard & Poor's）の合併会社であるS&Pダウ・ジョーンズ・インディシーズ（S&P Dow Jones Indices）が算出・公表している、アメリカの代表的な株価指数を指す。これは、米国を代表する優良30銘柄を選出し、指数化したもので、その銘柄入替は、ウォールストリート・ジャーナル紙の編集陣によって行われている。

●円高局面は為替差益の狙い目（ドル円チャート）

◆アメリカ株取引の手数料は低水準

基本的なことですが、アメリカ株の売買も日本株と同じように、外国株取引口座を開設すればすぐに売買できます。

10万円以内でも購入が可能です。

オススメの証券会社はマネックス証券です。

まず、取り扱っているアメリカ株の銘柄数が多く、3000以上と充実しているからです。

また手数料が低水準（約定代金の0・45％）であり、左上に掲載されているようなプログラムを実施しているのも、オススメの理由です。

ちなみに、アメリカ株がサラリーマンにとって嬉しいのは、日本の祝日に取引ができることでしょう。忙しい平日の夜よりじっくりとト

●マネックス証券のキャッシュバックプログラム

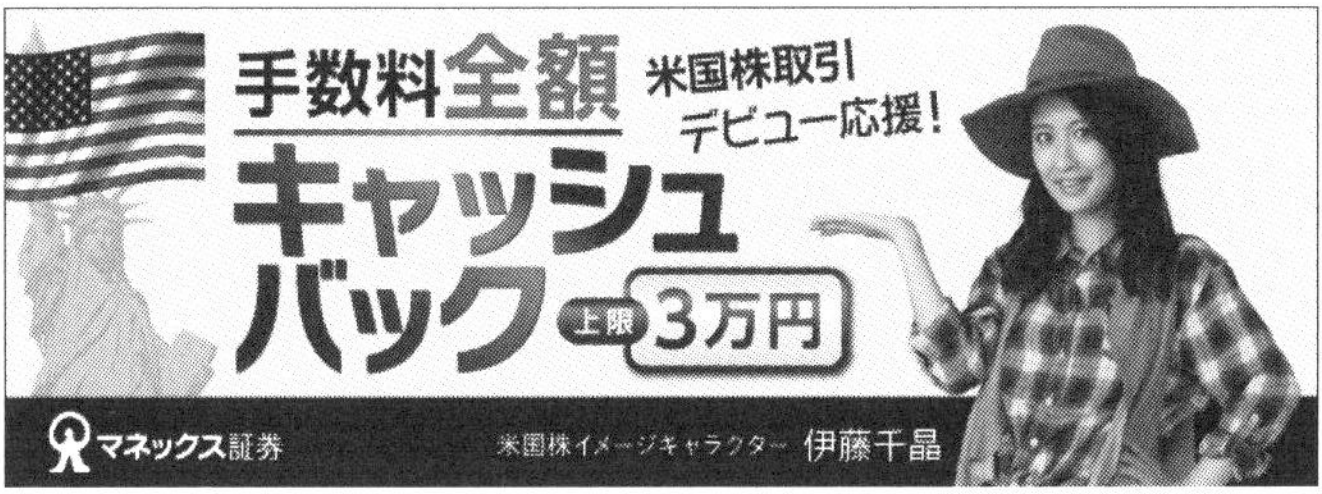

主要オンライン証券（※）**の米国株取引手数料**（税抜き）

構造	マネックス証券	ＳＢＩ証券	楽天証券
手数料	(約定金額の0.45%) 最低5米ドル～ 最大20米ドル	(約定金額の0.45%) 最低5米ドル 最大20米ドル	1000株まで 25米ドル
取引銘柄	3347	1408	1308
時間外取引対応	あり	なし	なし

※松井証券、カブドットコム証券は米国株の取扱いはありません

レードができる点は、兼業投資家には大助かりです。

　さて、口座も開設したらあとは購入ですが、参考までにマネックス証券にレポート等を掲載しているコンテクスチュアル・インベストメンツ マネージング・ディレクター広瀬隆雄氏から10万円で購入できるアメリカ株を紹介していただきました。

　私の感想と一緒に次ページから掲載します。

●アップル（AAPL 2016年9月29日時点　113.95ドル　約11,395円）

広瀬氏：現在、時価総額で世界最大の企業です。iPhoneは世界のユーザーから親しまれています。株価収益率（PER）で見ると13倍程度で取引されており、割高感はありません。配当利回りも2％あり、バランスシートの強固さをみても配当廃止などの危険性は低いといえるでしょう。

JACK：マネックス証券の中でも一番保有者が多く、米国株を始める方が一番最初に購入することが多い銘柄だそうです。私もアメリカ株は初心者なので、おそらく購入すると思います。

●フェイスブック（FB 2016年9月29日時点　129.23ドル　約12,923円）

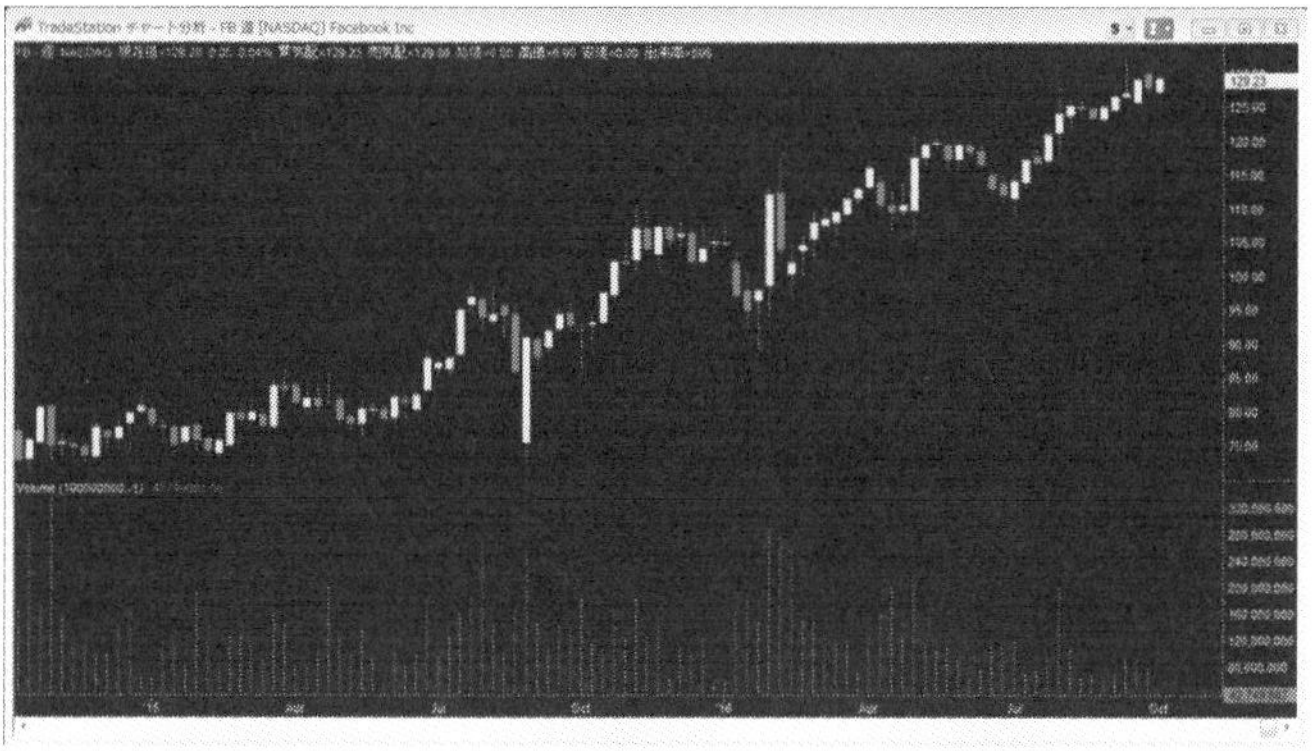

広瀬氏：ＳＮＳの代表的企業です。広告収入が売上高の柱になっています。スマートフォンへの対応がうまくいった関係で、課金戦略はすこぶる好調です。インスタグラムやフェイスブック・メッセンジャーなどの将来の成長が期待できるサービスを持っています。

ＪＡＣＫ：こちらも実際に使っている方も多いと思います。純利益も大増益であり、売買ランキングでもアップルを上回る人気ぶりです。チャートも右肩上がりですね。

●アルファベット（GOOGL 2016年9月29日時点　810.06ドル　約81,006円）

広瀬氏：グーグルの親会社です。主力のウェブ関連事業ではとりわけ動画サイトYouTubeにおける課金が好調です。その他、様々な先端技術の開発に取り組んでおり、とりわけ自動運転車の開発ではリーダー的な存在です。

JACK：今後の成長とともに株価の上昇期待でおさえておきたい銘柄ですね。子会社が潤えば親会社に寄与するということになりますから、グーグルの収益次第ということになるでしょうか。

●ツイッター（TWTR2016年9月29日時点　23.01ドル　約2,301円）

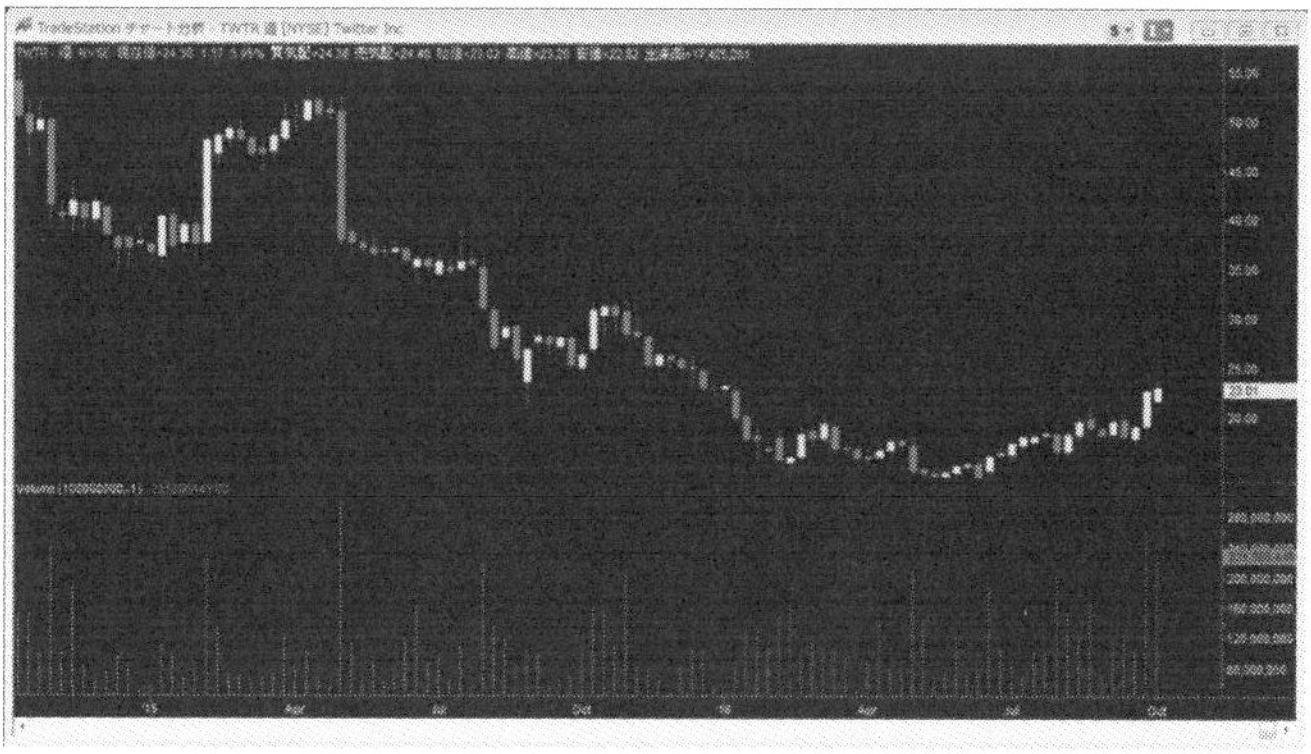

広瀬氏：人気ＳＮＳを展開しています。米国では頭打ちですが日本のビジネスは順調です。最近、身売りの観測が出ています。

ＪＡＣＫ：何か株価の再上昇に向けて材料が欲しいところですね。個人的な実感としては、株式投資に関するニュースや投資仲間との情報交換の場にもなっていることから、衰退や撤退は当分の間、考えがたいと思います。また、新規ユーザー数が増えれば広告収入にも寄与するので、何か新たな収益モデルを構築して、チャート的にも反発を含め、株価の再上昇を期待しているところです。

●アマゾン（AMZN 2016年9月29日時点　828.72ドル　約82,872円）

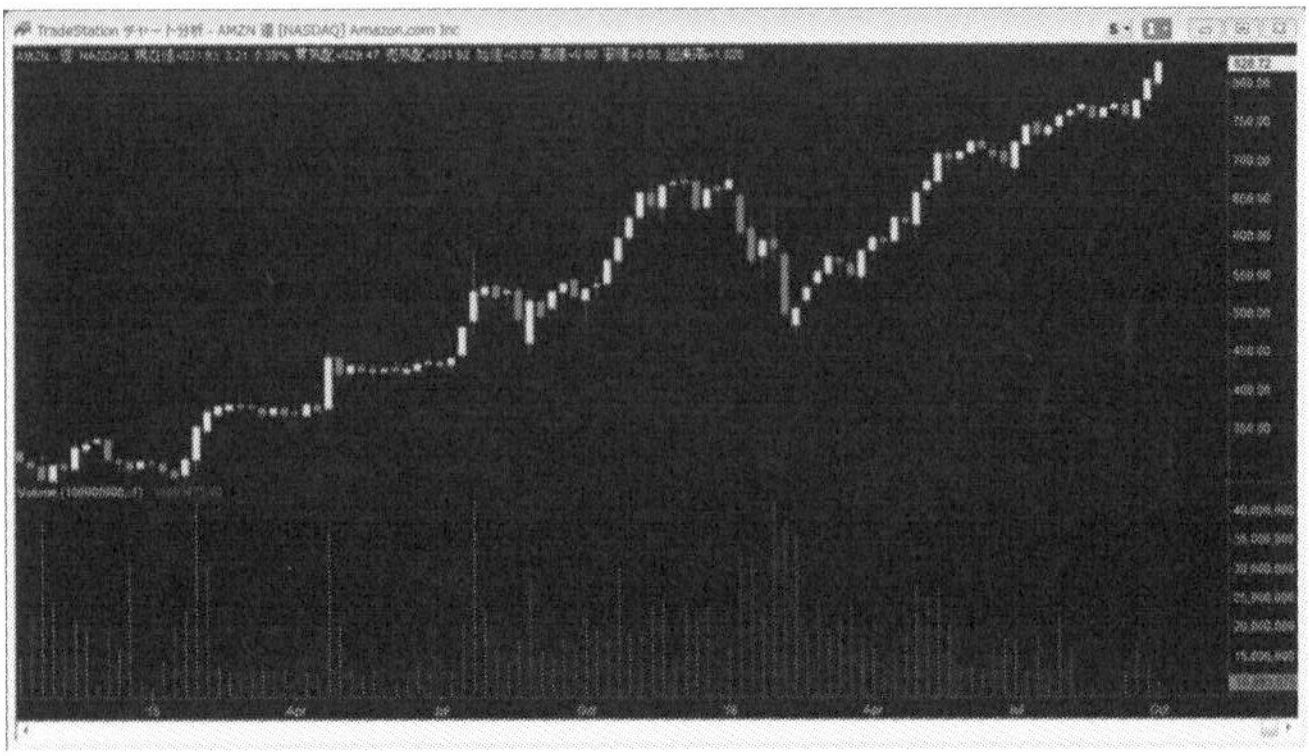

広瀬氏：Eコマースのリーダー企業です。米国ではネット通販が、ショッピングモールに代表される従来型の小売業に対しシェアを伸ばしています。アマゾンはアマゾン・ウェブ・サービス（AWS）というホスティング事業を展開しており、この高マージン部門が近年著しい伸びを見せています。

JACK：売上も市場予想をクリアしており、チャートもフェイスブックほどではありませんが右肩上がりです。まずは1株、購入しようと思います。

※各チャート図はマネックス証券 米国株取引ツール「トレードステーション」より引用

●投資金額50万円のポートフォリオ

銘柄	コード	買い付けの例
アップル	AAPL	$112× 8株
フェイスブック	FB	$128× 7株
アルファベット	GOOGL	$803× 1株
ツイッター	TWTR	$23 ×40株
アマゾン	AMZN	$826× 1株

◆アメリカ株の情報は簡単に手に入る

1銘柄10万円以内総額50万円のポートフォリオは上記になります。

アメリカ株の情報収集方法は、マネックス証券のオリジナル米国株厳選銘柄レポートBOOKや米国会社四季報（年2回・書籍）などがあります。

前者ですが、マネックス証券では、四半期に一度、米国株厳選銘柄レポートBOOKとして、同社で人気の50銘柄について財務情報などをまとめたレポートを発行してます。発行の都度キャンペーンを実施していることもあり、すぐになくなってしまうほど人気のレポートです。

東洋経済社発行の米国会社四季報も必需品ですが、日本株の四季報と違い、半年に1回しか発売されません。

しかし、これ以上充実した日本語のアメリカ企業情報はなく、５００社以上の企業の情報が一冊でわかる、米国株投資家必須の書となります。

また、60～64ページでコメント協力をしてもらった広瀬隆雄氏は、MarketHack（随時・ブログ）という海外投資ブログを主宰しています。アメリカ企業決算シーズンには決算速報を掲載するなど米国株投資家必見のブログといえます。

他にも広瀬氏は、マネックス証券ウィークリーレポート（毎週月曜日・ウェブ）にも毎週投稿しており、そこでは米国企業の決算の具体的内容や今注目のアメリカ株が紹介されています。

さらに、マネックス証券オンラインセミナー（毎月最終月曜日・ウェブ）では同じく広瀬氏が視聴者の質問にリアルタイムでお答えする貴重な機会があります。ここでも注目銘柄を紹介していますので、ぜひ、情報収集に活用してください。

なお、広瀬氏は今後のアメリカ株については、①アメリカの人口動態は日本と違い少子高齢化のもたらす成長阻害要因は比較的小さいこと、②シリコンバレーは世界のイノベーションの中心であること、③バイオテクノロジーに代表されるライフサイエンスでも米国は他国の追従を許していないこと、④シェール開発によりエネルギーの自給能力は高まっていて、米国産業のコスト競争力アップにつながっていること、などを理由に長期的にアメリカ経済の見通しは明るいと考察しています。

と、ここまで読むとアメリカ株に興味を持ち、すぐにでも購入したくなる方も多いと思いますが、アメリカ株特有のリスクもあります。そのあたりもしっかりと頭に入れて置いてください。

1つは、為替リスクです。仮に現時点でアメリカ株を購入して、株価の上昇、あるいは、配当を得ても、円高がさらに進行して、1ドル80～90円になると為替差損に気をつけないといけません。そのタイミングで買い増しを行うか、ポジションを作るなどのリスクヘッジを行う必要があります。

次のリスクは、市場時間・取引時間が日本時間と異なるため、急な動きに対応しにくい点です。米国で株価が大きく変動する出来事が起こっても、それが日本の真夜中の時間帯では対応できる人は少ないでしょう。

最後のリスクは株価変動です。ＩＴバブル、リーマンショックはまさにアメリカ中心に起こりました。その時のダメージ（下落）は日本よりも大きいのが事実です。

第5章

年1回は当選？ IPOで資産を爆発的に増やす

- ☑ IPOの手続きは超簡単
- ☑ はずれクジも集めればお金を生む打ち出の小槌
- ☑ 家族口座をうまく使えば当選サイクルはぐっと早まる

ＩＰＯほどおいしい株はない

私が爆発的に投資資金を増やすことができたのがこのＩＰＯ投資です。

株式会社では、オーナーやその家族など少数の特定株主のみが株式を保有しており、株式の自由な売買ができない状態になるときがあります。ＩＰＯとは、そんなとき不特定多数の投資家が参加できるように、市場に新たに株式を供給することです。

その供給の仕方は、以前からの株主に保有されている株式を市場に放出する「売出し」と、新たに株券を発行して市場から新規に資金を調達する「公募」があります。通常のＩＰＯではこの両方が同時に行われることが多いのです。

ここまで読むと、何だか、貴重性があり、価値が高そうなイメージがわいてくると思います。しかも実際の売買については、単純に証券会社にＩＰＯ銘柄を申し込んで、当選さえすれば、上場日以降に売却するだけですから、手続き的に難しいことは一切ありません。

実際に２０１６年も応募して、上場日に売却すると順調な利益になることが72ページからの表を見てもよくわかります。

なお、ＩＰＯ株は、銘柄ごとに取り扱い証券会社が決まっており、さらに「◯◯証券には1万株、△△証券には2万株」というように、証券会社ごとに決まった数のＩＰＯ株が割り当てられます。ＩＰＯ株の抽選は証券会社ごとに行われるので、多くの証券会社から申し込んで抽選対象となれば、それだけ当選の確率は高くなるということは、基本なので覚えてください。

● 2016.10.25 時点での IPO 一覧

上場日	銘柄名	募集価格	初　値
10/25	九州旅客鉄道	2860	3100
10/21	ユーザベース	2750	2908
10/17	マーキュリアインベストメント	1600	1390
10/12	KH ネオケム	1380	1306
10/07	キャピタル・アセット・プランニング	3330	4600
09/30	G-FACTORY	5550	5000
09/29	シンクロ・フード	3330	2970
09/27	シルバーエッグ・テクノロジー	2500	2622
09/27	チェンジ	3000	2999
09/26	バリューデザイン	3330	4315
09/16	ノムラシステムコーポレーション	2000	1450
09/14	串カツ田中	3900	4425
09/14	カナミックネットワーク	3000	8600
09/14	デジタルアイデンティティ	1540	2900
09/02	ベイカレント・コンサルティング	2100	1963

上場日	銘柄名	募集価格	初　値
08/31	デファクトスタンダード	1630	2300
07/28	リファインバース	1700	2770
07/21	インソース	520	810
07/21	デュアルタップ	1110	2520
07/15	LINE	3300	4900
07/01	セラク	1500	3900
06/29	コメダホールディングス	1960	1867
06/29	ソラスト	1300	1222
06/28	ベガコーポレーション	1600	2000
06/27	キャリア	1950	3870
06/23	バーチャレクス・コンサルティング	1090	1235
06/22	ジェイリース	3100	4170
06/21	ストライク	3440	7770
06/21	AWSホールディングス	2490	8350
06/17	やまみ	1690	1751
06/16	農業総合研究所	1050	1870

上場日	銘柄名	募集価格	初　値
06/15	アトラエ	5400	12720
06/15	ホープ	1400	3220
04/21	ジャパンミート	1010	1040
04/19	グローバルウェイ	2960	14000
04/15	エディア	1630	3165
04/08	丸八ホールディングス	680	757
04/05	ハイアス・アンド・カンパニー	950	2750
03/31	PR　TIMES	1340	2130
03/31	エボラブルアジア	1800	2670
03/24	ウイルプラスホールディングス	1880	1729
03/24	ベネフィットジャパン	1980	3310
03/22	チエル	810	2151
03/18	アイドママーケティングコミュニケーション	1440	1230
03/18	アグレ都市デザイン	1730	3505
03/18	フェニックスバイオ	2400	2350
03/18	グローバルグループ	2000	3200

上場日	銘柄名	募集価格	初 値
03/18	イワキ	2000	2050
03/18	ヒロセ通商	830	830
03/17	アカツキ	1930	1775
03/16	昭栄薬品	1350	2001
03/15	富士ソフトサービスビューロ	890	1010
03/15	ユー・エム・シー・エレクトロニクス	3000	2480
03/15	富山第一銀行	470	500
03/14	LITALICO	1000	1880
03/11	フィット	1890	1741
03/09	ブラス	4370	4650
03/04	ヨシムラ・フード・ホールディングス	880	1320
03/03	中本パックス	1470	1480
03/02	バリューゴルフ	1280	3215
02/24	はてな	800	3025

募集価格より初値（上場日の価格）が下回るケースは、61銘柄中11銘柄（10月25日現在）しかないので、いかに優位性があることがわかると思います。

しかも、10年以上前のＩＰＯと違い、どれも募集価格はほとんどが20万円以下です。種銭を貯めながらＩＰＯにも投資を実践することが可能です。

しかし、誰もが言うのは、「とにかくＩＰＯは当たらない」ということです。その結果、諦めてしまうというパターンが大半です。

ですから、ここでは、その当選の秘訣を紹介します。

前提としてあるのは、まだまだ種銭を貯めている途中ということです。一番の近道である店頭証券に多額の預け金額を入れて、獲得するといったパワープレイはできません。そこで、時間はかかりますが、確実な手法を紹介しましょう。

その1つがＳＢＩ証券からの応募です。

まずＳＢＩ証券におけるＩＰＯの配分方法を参照してください。

募集等に係る株券等の顧客への配分に係る基本方針
平成18年7月1日（最終改正：平成24年10月1日）
株式会社SBI証券

3　当社では、次に掲げる方針に従って、募集等に係る株券等の機関投資家以外のお客様への配分を行います。なお、機関投資家のお客様への配分につきましては、需要への参加状況等を総合的に勘案した上で、適切な配分を行います。

（1）新規公開株の場合

新規公開株の個人のお客様への配分は、配分の機会を公平に提供するため、原則として、個人のお客様への配分予定数量の70％については、抽選により配分先を決定します。また、残りの30％については、3（1）［6］に定める、当社IPOチャレンジポイントに基づく方法により配分先を決定します。

尚、本基本方針でいう「個人のお客様」とは、インターネットを通じてブックビルディングの申込から配分結果のご確認、購入の意思表示、約定までを完結いただけるすべてのお客様を指すものとします。新規公開株の抽選は、次の要領で行います。

［1］抽選は、ブックビルディング期間中に当社ウェブサイトを通じて行われた需要申告の申込みを対象に、抽選日（発行価格決定日の午後6時以降）に当社が行います。この場合、当社が配分する数量のうち、個人のお客様への配分予定数量の70％を当該抽選に付すこととします。尚、一のお客様への当選数量には、上限を設けるものとします。

［2］抽選にあたっては、抽選対象となる需要申告のお申込み単元毎に番号（乱数）を付し、その番号を対象に抽選を行います。

［3］抽選の結果、当選しなかったお申し込み分は、［6］に定める、IPOチャレンジポイントに基づく方法により決定する配分先の対象となります。

［4］抽選の結果は、お客様ログイン後の当社ウェブサイト上でお知らせします。

［5］抽選は、次に掲げるような場合には、その割合を引き下げること又は抽選による配分を採用しない若しくは中止することがございますので、あらかじ

めご了承ください。
①ブックビルディングの需要が積み上がらない場合
②抽選の申込み数量が当社における抽選数量に満たない場合
③抽選を行う数量が5単位に満たない場合
④その他、上記に準ずる合理的な理由があると当社が判断した場合
［6］個人のお客様への配分予定数量の30％については、上記抽選の結果当選されなかったお申込分を対象に、予め当該お客様に指定いただいたIPOチャレンジポイント数に応じて、指定IPOチャレンジポイント数の多いお客様から順に配分するものとします。指定IPOチャレンジポイント数が同一のお客様が複数おられる場合は、抽選により順位をつけさせていただきます。尚、一のお客様への配分数量には、上限を設けるものとします。

チリを集めて宝にする方法

注目すべき点は3（1）［6］です。「個人のお客様への配分予定数量の30％に抽選の結果当選されなかったお申込分を対象に、予め当該お客様に指定いただいたＩＰＯチャレンジポイント数に応じて、指定ＩＰＯ チャレンジポイント数の多いお客様から順に配分する」。

このＩＰＯチャレンジポイントというのは、お金を支払って購入するものではありません。毎回、ＳＢＩ証券のＩＰＯに申し込み、その時にはずれた1ポイントを獲得するというものです。

ですから、ＳＢＩ証券のＩＰＯの抽選申し込み画面にある銘柄は、片っ端から応募するのがポイントを貯める秘訣です。

● SBI 証券の IPO 抽選申し込み画面

(株)シンクロ・フード　(3963)東証マザーズ　目論見書　HP

ブックビル期間	9/9 9:00~9/15 11:00	ブックビル申込	受付終了
発行価格又は売出価格	2,100円	申込単位	100株単位
ブックビル申込内容	100株 2,100円 (使用IPOポイント -)	上場日	9/29
抽選結果	落選	購入意思表示期限	9/23 8:00
購入意思表示	9/20 12:00~	購入結果	-

・公募400,000株、売出300,000株、オーバーアロットメントによる売出105,000株
・発行決議日 8/24・発行価格決定日(抽選日) 9/16

シルバーエッグ・テクノロジー(株)　(3961)東証マザーズ　目論見書　HP

ブックビル期間	9/8 9:00~9/14 11:00	ブックビル申込	受付終了
発行価格又は売出価格	900円	申込単位	100株単位
ブックビル申込内容	100株 900円 (使用IPOポイント -)	上場日	9/27
抽選結果	落選	購入意思表示期限	9/21 8:00
購入意思表示		購入結果	-

・公募320,000株、売出200,000株、オーバーアロットメントによる売出78,000株
・発行決議日 8/22・発行価格決定日(抽選日) 9/15

(株)チェンジ　(3962)東証マザーズ　目論見書　HP

ブックビル期間	9/7 0:00~9/13 11:00	ブックビル申込	受付終了
発行価格又は売出価格	1,200円	申込単位	100株単位

ここでは前ページの画面のとおり、2銘柄落選しているので、2ポイント獲得となり、すぐに10ポイントや20ポイントは獲得することができます。

しかし、誰もが無料で参加できることもあり、実際に当選するには150〜200ポイント、初値が高騰するような人気IPO銘柄については300ポイントが当選の目安になってます。

おおむね1年間で50〜100ポイントが獲得できるので、実際に当選するには、3〜4年後になる可能性が高いのです。

「えっ！　そんなにかかるのですか？」と言われそうですが、それでも10万円とか20万円の利益となるとすると、結果的に1ポイントあたり1000円程度の価値があります。そう考えればモチベーションを維持しながら、継続して応募することができるのではないでしょうか。

しかし、このSBI証券でのチャレンジポイントも1度、使ってしまうと、また0ポイントからせっせと貯めることになります。次の当選が3年後となると、さすがに熱意が冷めると思います。その場合の対策として、家族口座の活用があります。

具体的には、仮に1年目に自分口座、2年目からは配偶者の口座、3年目からは子

●家族の力を使えばポイントも貯まりやすい

	1年目	2年目	3年目	4年目	5年目	6年目
自分	口座開設 ポイント貯め	ポイント貯め	ポイント貯め	当選	ポイント貯め	ポイント貯め
妻の口座		口座開設 ポイント貯め	ポイント貯め	ポイント貯め	当選	ポイント貯め
子供の口座			口座開設 ポイント貯め	ポイント貯め	ポイント貯め	当選

供口座でもＩＰＯを応募すると、理論的には、上記のように毎年毎年、ＳＢＩ証券でのＩＰＯが当選する可能性が高くなります。

とにかく、初年度から3年目までは、ポイントを貯めるまでに多少の我慢が必要です。

しかし、そこを乗り切れば、親や配偶者、あるいは子どもの口座があれば、毎年1銘柄は獲得できます。

公平抽選ならあなたにも希望がある

もう１つはマネックス証券からの応募です。

こちらも基本的には次ページのように公平抽選を売りにしてます。

マネックス証券については、ＳＢＩ証券のようなポイントこそありませんが、こちらも取り扱い銘柄が多いので、ひたすら申し込みを継続して当選を狙う手法です。

マネックスは需要申告をされたお客さまごとに「乱数」を発生します。これも、自分１人では１つの「乱数」しか獲得できませんので、妻や子供といった口座でも応募する方が、当選確率は上がります。

なお、前述したＳＢＩ証券やマネックス証券では、未成年口座も開設できるのです。

以上のように、ＩＰＯ投資をする上で、この２社のネット証券での応募は必須です。

●マネックス証券ではランダムに抽選が行われる

ホーム > 商品・サービス一覧 > 新規公開株(IPO) > 抽選方法

新規公開株（IPO）

Q&A

新規公開株(IPO) | 体験談 | 抽選方法 | 取扱銘柄一覧 | 申込手順 | 過去の取扱銘柄

抽選方法

マネックス証券では、コンピューターで無作為に抽選を行っています。この過程はシステム化されており、人間の恣意が途中で関与することはありません。

申込者数が配分単位数よりも多い場合

抽選対象のお客さま ＞ マネックスへの配分単位数 ＝ （需要申告株数に拘らず）お客様単位に一抽選権が付与され、同じお客さまが2単位以上当選することはありません。

NISAでも同時にお申し込みの場合も名寄せされるため、当選確率が倍になることはありません。

具体例

1.【需要申告】 5名
Aさん ①①①
Bさん ①
Cさん ①
Dさん ①
Eさん ①
①：申し込み単位

2.【配分株数】 3株
株
株
株

3.【抽選】 3株抽選
Aさん 当選
Bさん 当選
Cさん 当選
Dさん 補欠
Eさん 落選
抽選対象 抽選対象外

1. 需要申告されたお客さまごとに『乱数』を発生させます。この場合、Aさんは、B〜Eさんと等倍の抽選権を有しています。
2.『乱数』を基にコンピューターによる抽選を行い当選・補欠・落選を決定します。
（Aさんは3倍の需要申告をされていましたが、他の方と当選する確率は同じです。）

また、余力があれば、上場の可能性もあるGMOグループのクリック証券も狙い、配分数が少しは見込まれる場合、松井証券や楽天証券といったところもIPOの応募だけはしておきたいものです。

とにかく、IPOの抽選にかかる手数料は0円ですから、ひたすら継続して申し込むことです。

ちなみに、初値が公募価格（応募価格）近辺となる銘柄、公募割れとなるような銘柄もゼロではありません。IPOに特化したサイトや日本証券新聞等で、初値予想を確認しましょう。

コラム　それでも大型ＩＰＯを狙うべき

だれもが欲しいＩＰＯ銘柄は、そもそもの公開株数が少ないこともあり、申込者も当然のことながら殺到することもあり、当選するのは至難であり、数回の申し込みをして結局のところ諦めてしまう方々がほとんどであります。

しかしながら、昨年の日本郵政、今年のＪＲ九州といった比較的に株数が多い、大型のＩＰＯであったとしても公募価格を上回る堅調な初値がついているのが現状でありますから、このような大型株であれば、２００株とか３００株、あるいは５００株、１０００株と当選することは可能でありますので、種銭が貯まってくるごとにネット証券から店頭証券まで、各証券会社に口座開設して各々、ＩＰＯを申し込み、掻き集めることが鉄則になります。

もちろん、１００株だけで数十万円を稼ぎ出すＩＰＯの当選が理想でありますが、そちらは時の運という感覚で、ある意味、１００株だけでは利益が少ない、大型ＩＰＯに照準を絞って、３００株とか複数株数の獲得を目指す方が今のＩＰＯ市場では得策ではないかと思います。

いずれにしろ、来年以降も東京メトロといったような誰もが知っているところも上場が噂されておりますので、日本郵政、ＪR九州に次いで、ＩＰＯの発表があれば、3年連続、大型ＩＰＯでの利益を狙う絶好のチャンスだと考えております。

第6章

ビギナーは達人の真似をせよ！手っ取り早く勝ち馬に乗る

- ☑ 初心者は必ずやるべきＪＡＣＫ流コバンザメ戦略
- ☑ はずれクジもお金を生む打ち出の小槌
- ☑ 家族口座をうまく使えば当選サイクルはぐっと早まる

初心者でも今日から達人並みのトレードができる方法

10万円以下の銘柄については、6章で紹介をしてきましたが、ある程度の資金が増えてきたら、様々な個別銘柄を購入することが可能になってきます。

個別銘柄の選定や会社四季報の銘柄をする際、自分なりに分析をして発掘する作業が必要になります。自分が力不足だと思ったら、その道の達人の銘柄をそのまま購入したほうが、手っ取り早くお金を増やすことができるケースがあります。

「えっ！　どういうことですか？」

と疑問の声がありそうですが、単純に株式投資関係のホームページやブログ、あるいはツイッターから銘柄を得て、自分の判断で売買するというだけです。

「それでパフォーマンスはいいのですか？」とも言われますが、それなりに数十年間、結果が出ているので今回、取り上げました。

そのサイトは、「全日株式投資選手権　選抜株式レース」（http：//www・stockrace・info/）です。

こちらのコンセプトは、「株式投資の宮本武蔵を発掘」ということです。

株式投資の世界は自称「実力者」が多数います。「最新のコンピューターを駆使し、優秀なエコノミスト、アナリスト、ファンドマネージャーにより、最高のサービスを提供します…」などと宣伝し、顧客から運用資金を集めたり、情報料を受け取る輩です。

お金が増えるのを期待したのに、結果は散々だったというのはよくある話です。

しかし、こちらのサイトでは毎回の結果を公開しています。

参加者の実力が白日のもとにさらされるので、上位の参加者は本当の実力者ばかりです。

もともとこちらのサイトは、１９９７年7月からスタートし、最初は親戚や知人１００余人に手紙を書き、11名でのスタートでした。

そして、紆余曲折があって、現在は「選抜株式レース　全日本株式投資選手権」をインターネットで開催しているものです。

いまも「選抜株式レース、全日本株式投資選手権」では、公正な記録にもとづき株式投資の〝宮本武蔵〟を発掘しています。

その選抜株式レースは【レース出場者（選手）】と【会員】の2つから成り立っています。【レース出場者】は自らの実力を示し、【会員】は投資実力者達の選定銘柄を事前に知ることができます。

かくいう私も切磋琢磨して、レース出場者としても参加してます。利用方法は、そのレース出場者（選手）の選定銘柄をいち早く、キャッチするところに妙味があります。

実際、左記の表のとおり、選抜レースの最高峰のリーグであるプレミアリーグの選手の過去の成績と日経平均の比較も表のとおり、勝率67・3％（37勝18敗）とプレミアリーグの選手の成績が上回っています。

●**プレミアリーグ過去の成績**（単位：%）

レース名	TOPIX	日経225		プレミアリーグ		対日経225勝敗
		上昇率	累積成績	上昇率	累積成績	
2002年夏季	-9.06	-10.55	-10.55	12.09	12.09	○
2002年秋季	-9.02	-8.94	-18.55	11.92	25.45	○
2003年新春	-3.98	-4.5	-22.21	16.06	45.6	○
2003年春季	10.85	10.48	-14.06	15.22	67.76	○
2003年夏季	13.07	13.34	-2.6	25.95	111.29	○
2003年秋季	2.23	3.46	0.77	43.95	204.15	○
2004年新春	12.7	10.26	11.11	38.22	320.4	○
2004年春季	-0.25	-0.43	10.64	20.24	405.49	○
2004年夏季	-4.8	-6.28	3.69	-8.87	360.66	×
2004年秋季	2.91	4.56	8.42	-1.29	354.71	×
2005年新春	3.2	2.05	10.64	12.17	410.05	○
2005年春季	-0.38	-0.8	9.75	-1.37	403.06	×
2005年夏季	19.49	16.73	28.12	9.76	452.16	×
2005年秋季	16.81	18.68	52.05	31.47	625.93	○

レース名	TOPIX	日経225		プレミアリーグ		対日経225勝敗
		上昇率	累積成績	上昇率	累積成績	
2006年新春	4.76	5.89	61	-7.73	569.81	×
2006年春季	-8.18	-9.13	46.3	-12.4	486.76	×
2006年夏季	1.49	4.01	52.17	-2.46	472.32	×
2006年秋季	4.36	6.81	62.53	2.8	488.35	×
2007年新春	1.94	0.38	63.15	3.68	510	○
2007年春季	3.57	4.92	71.18	7.67	556.79	○
2007年夏季	-8.93	-7.47	58.39	-4	530.51	○
2007年秋季	-8.71	-8.79	44.47	-2.47	514.94	○
2008年新春	-15.71	-16.26	20.98	-6.25	476.51	○
2008年春季	6.19	5.66	27.83	7.97	522.45	○
2008年夏季	-13.09	-12.17	12.27	-3.21	502.47	○
2008年秋季	25.12	-25.49	-16.35	-7.04	460.06	○
2009年新春	-3.26	-1.23	-17.38	5.88	492.99	○
2009年春季	10.73	12.18	-7.31	11.77	562.79	×
2009年夏季	-4.99	-0.87	-8.12	5.68	600.43	○

レース名	TOPIX	日経225		プレミアリーグ		対日経225勝敗
		上昇率	累積成績	上昇率	累積成績	
2009年秋季	3.76	8.36	-0.44	-0.91	594.06	×
2010年新春	9	7.01	6.54	6.86	641.67	×
2010年春季	-16.02	-18.45	-13.12	-7.03	589.53	○
2010年夏季	-0.12	2.19	-11.21	5.33	626.28	○
2010年秋季	8.31	8.78	-3.42	16.87	748.81	○
2011年新春	-4.04	-5.08	-8.32	17.5	897.35	○
2011年春季	-1.03	1.63	-6.83	-0.64	890.97	×
2011年夏季	-10.83	-11.83	-17.85	-4.03	851.03	○
2011年秋季	-4.28	-2.81	-20.16	-0.24	848.75	○
2012年新春	17.25	19.26	-4.78	0.76	855.96	×
2012年春季	-9.86	-10.67	-14.94	1.18	867.24	○
2012年夏季	-4.22	-1.52	-16.24	2.97	895.97	○
2012年秋季	16.58	17.19	-1.84	23.06	1125.64	○
2013年新春	20.33	19.26	17.07	16.85	1332.15	×
2013年春季	9.59	10.32	29.15	6.41	1423.96	×

レース名	TOPIX	日経225		プレミアリーグ		対日経225勝敗
		上昇率	累積成績	上昇率	累積成績	
2013年夏季	7.37	7.94	39.41	11.1	1593.11	○
2013年秋季	6.96	10.38	53.88	3.26	1648.31	×
2014年新春	-6.64	-7.53	42.29	5.09	1737.3	○
2014年春季	5.69	2.48	45.82	10.99	1939.22	○
2014年夏季	-0.19	1.76	48.38	-2.79	1882.32	×
2014年秋季	9.72	11.09	64.84	20.94	2297.42	○
2015年新春	11.13	11.37	83.58	11.99	2584.87	○
2015年春季	5.62	5.68	94.01	7.03	2773.62	○
2015年夏季	-12.54	-13.7	67.43	-8.12	2540.28	○
2015年秋季	7.09	7.38	79.79	5.41	2683.12	×
2016年新春	-15.9	-15.08	52.67	3.94	2792.78	○
平均成績	0.94	1.31	-	6.89	-	67.30%（37勝18敗）
標準偏差	9.97	10.24	-	11.5	-	-

1秒でも早く、1円でも安く買う

つまり、理論的にはそのままプレミアリーグ選手の全銘柄を売買していれば、それなりの結果を見出すことができますが、さすがにそこまでの資金調達は難しいと思います。私は以下のような優先順位をつけて、銘柄を選定し、かつ購入時の条件を入れてます。

①本書の3章冒頭の条件に合致している銘柄
②プレミアリーグの選手で複数が推奨している銘柄
③今季の成績上位者の銘柄

取引をしていると株主優待の新設や株価の下落を見逃していることもあります。
しかし、①の条件で推薦銘柄を見直してみると、見落としに気づくことができるのです。

②ですが、複数のプレミリーグ選手が推奨するとなると、心強い、上昇する可能性が高いという判断ができます。

③ですが、今の地合いにあった銘柄選定をしているというので、勝ち馬に乗るという投資スタンスです。

もちろん理想は、①〜③のすべての項目を満たす銘柄です。

ただし、1点だけ注意することが必要です。

選手の選んだ銘柄情報は、100ページのとおり、メルマガにて日曜日の夜に配信されるので、月曜日の始値の株価は高くなる傾向が強いです。

ですから、高い場合は下がるまで待つとか、金曜日の終値を指値として発注をするといった対策は必須です。

また、当然参加選手のポジショントークもありますから、一気に株価が上昇した場合は、そこで売られるパターンも多いのです。とにかく高値を買うのでなく、1円でも安値で購入するように意識してください。

「そのまま上昇したら買えなくなってしまう」という問いもあるとは思います。そうなった銘柄は、さすがに高値になることから、購入は見送るのは賢明です。なぜなら、このメルマガは毎週発行されます。1週間待つだけで次のチャンスがあるのですから、自信を持って、その銘柄とは縁がなかったとスルーしてしまえばいいだけの話です。

●メルマガは日曜日の夜に発信される

┌──────────┐
│プレミアリーグ│
├──────────┴──────────────────

──


││セイシロウ氏、継続買い「カルソニックカンセイ(7248)」28.50%ＵＰで当節トップ！

│通算成績はプラス30%台に乗せ、リーグ２位に浮上。

│秋田犬氏、継続買い「フィデアHD(8713)」8.52%ＵＰで当節２位。

│通算成績はプラス20%台に乗せ、リーグ３位に浮上。

│shanghai_dragon氏、新規買い「ベステラ(1433)」7.24%ＵＰで当節３位。

■プレミアリーグ（24名）
新規買い６名、継続買い15名、新規売り１名、継続売り１名、現金１名

◎◎◎◎◎◎◎◎◎◎◎◎◎◎◎◎◎◎◎◎◎◎◎◎◎◎◎◎◎◎◎◎◎◎◎

[P-1] ダービー(☆☆☆－－)

「ニッパツ（5991）」継続売り
株価：984円
http://stocks.finance.yahoo.co.jp/stocks/chart/?code=5991&t=3m

◎◎◎◎◎◎◎◎◎◎◎◎◎◎◎◎◎◎◎◎◎◎◎◎◎◎◎◎◎◎◎◎◎◎◎

[P-2] セイシロウ(☆☆☆☆－)

「カルソニックカンセイ（7248）」継続買い
株価：1330円
http://stocks.finance.yahoo.co.jp/stocks/chart/?code=7248&t=3m

ようやく２次入札の結果が報道されたが、まだ具体的ＴＯＢ価格は不明、当初報道されていた3000億円は4000億円へ、うれしい誤算、
3000億ってのは上場来高値を意識しての観測だったのだろう
◎◎◎◎◎◎◎◎◎◎◎◎◎◎◎◎◎◎◎◎◎◎◎◎◎◎◎◎◎◎◎◎◎◎◎

四季報を120%使い倒す方法

次は6章でも紹介しました「会社四季報」を使って達人の真似を紹介したいと思います。

四季報は、上場全会社の業績予想が掲載されているものです。

その内容は徹底した取材の元、企業や証券会社側に偏らない予想です。

その予想結果を捕らえて、株式投資を行なうものですから、利用方法はシンプルでありそれほど難しいものではありません。

たとえば、その業績予想で、今期や来期の売上高や経常利益が2～3倍になっていれば、理論的には株価自体もそれなりに上昇してもおかしくないと考えられます。もしもまだ、株価が上昇していない、あるいは下落しているようであれば、その四季報を読んだタイミングで購入しても、予想通りの業績を達成できればその後は株価が上昇する可能性がかなり高くなります。もしそうなったら、それなりの恩恵を受けられます。ただそれだけのことです。

後は、この情報をどうやればいち早く知り得るのかということです。

もちろん、王道はこの「会社四季報」自体を1日、いや1時間でも早く手にすることが必勝法となります。私も数十年前に、この投資法に目覚めてからは、発売日の当日ではなく、前日の15時までに陳列される書店を探したりすることもありました。サラリーマンになってからは、時間的に書店を訪問することはできませんので、年間購読で手に入れるよう心掛けてます。

それでも配達される日が日中ですから、夜間勤務や自営、あるいは専業投資家でもない限り、どんなに自宅に配達されてきても、結局のところ、四季報のチェック含め、発注は翌日になってしまいます。

つまり、アドバンテージで劣ることになってしまいます。

そこで、最近になって注目されているのが、書籍ではなく先取り情報を配信してもらうというものです。

具体的には今回、「会社四季報」２０１６年3集夏号が発売されたのは6月13日でしたが、会社四季報の有料会員限定コンテンツに申し込むと、5月27日（金）からお宝情報「速報！サプライズ銘柄」、30日（月）から、「主力３００」と「新興株50」の業績予想が先行配信されるのです。

残念なことにベーシックプランということで、月額料金１０８０円の申し込みが必要です。

とにかく当サイトだけのお宝情報や、実際に四季報記者が書いた予想をいちはやく簡単にチェックできるのだから、コストパフォーマンスはいいと思います。

日頃から、自分が狙っている株主優待銘柄、あるいは高配当銘柄がピックアップされた時にはプラスαの材料ということでテクニカルを無視してでも、一気に買い注文の優先度が上がります。

しかし、そもそも、特に兼業投資家にとって、会社四季報を読破、チェックするのはしんどい作業ではないでしょうか。

私もフセンでチェックしてみますが、ざっくり見るだけで最低1時間、熟読するのに6時間、最終的に次の会社四季報が発売されるまでには、当然、読み返しをしますので、20時間くらいは読んでいると思います。

◆読む時間がなくても問題なし！

そこで、もう少し手っ取り早くという方もいると思いますので、その手法をいくつか紹介します。

1つは、単発的に開催される四季報編集長が講師となるセミナーです。基本的には無料のものがほとんどです。読み方からオススメの活用方法含め、有望銘柄の紹介がありますので、かなりの価値があります。

実際に「四季報　セミナー」と検索してみると、過去のセミナー内容がしっかりと掲載されてますので、早速チェックして、次回のセミナーにぜひとも参加してみることをオススメします。

もちろん、そのような銘柄をすぐに買うのでなく、必ず、その推奨理由に、自分が納得してから購入することが第一です。とにかく1円でも安く購入することは必須であり、株式選抜レースの推奨銘柄と同様に、高値で購入してはいけません。

ちなみに、その場で、普段から自分がチェックをしている、あるいは保有銘柄が紹介されることもあります。そんなときは、自分の目利きを褒められたようで、心の中ではガッツポーズが出たりします。

次の手法は、個人間での情報交換です。

各地で四季報の集まりみたいなオフ会があります。時間のある限り私も出席します。そのような情報交換の場で、新たな四季報銘柄を聞き入れます。

もちろん私も最初からそのような場に呼ばれることはないので、参加することはありませんでした。

しかし、前述したセミナーの場で、隣席の方とセミナー後にお話をして、連絡先を交換したことがありました。その後、その方に誘われオフ会にも初参加し、非常に勉強になった記憶があります。

今では、ツイッターやフェイスブックといったSNS等でそのような場の呼びかけを見る機会もありますから、初心者の方も垣根が低く参加しやすいのではないでしょうか。

自分1人より、複数の視点でのチェックというのは時間短縮の近道です。いろいろな観点で人それぞれ分析しているので、そのような場の銘柄の推奨理由は、感心することが多々あります。今後も、このようなセミナーやオフ会は、時間の許す限り、参加するつもりです。

コラム　懇親会に行ってみよう

株式投資家の集まりは、自己紹介自体も緊張しますし、そもそも「勝手にしゃべって下さい」みたいなオフ会もありますから、人見知りする方にとってはなかなか気おくれしてしまうものではないでしょうか。

私自身も未だに全く知らないメンバーの中に飛び込んでいくのは苦手であります。

ですから、そのような場合には、株式投資に限らず、ＦＸ投資でも不動産投資でもとにかく、セミナーを受けた後にその講師を囲んでの懇親会を実施するものに参加をするのがいいと思います。

何せ、同じ講義を聞いているので、その内容を振り返ることもできますし、講師ともフェイストゥフェイスでタイミングによっては1対1、あるいは他の受講生の会話を聞いているだけでも勉強になります。

そもそも誰もがそのセミナーには同じ目的を持って出席しているわけですから、かなり話しやすいと思います。私自身も結構、フランクに同じ受講生に質問したり、されたりという感じで出来る限り懇親会は出席しており、時にはその講義内容以上の情報を得ることがあります。

そのあたりは、多少、アルコールの力もあるかもしれませんが（笑）。

いずれにしろ、仮に同じような内容のセミナーや講演がある場合においては、必ずその後に懇親会があるものを優先するべきです。

参加は、そのまま情報収集につながります。

第7章

暴落も楽々スルー ETFと個別銘柄のW投資

- ☑ 暴落も余裕でしのぐ4大ポイント
- ☑ 低迷市場のときは掛け捨て保険感覚でETFを買う
- ☑ 初心者に空売りはオススメしない

暴落から生還するための4つのポイント

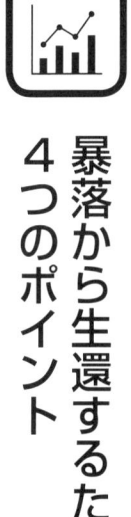

投資を実践する以上、株価の下落時のリスクは必ず生じます。

今年1年を見ても2月のチャイナショックからはじまり、6月のイギリスＥＵ離脱ショックでは、日経平均が１２４０円の暴落になったことは記憶に新しいと思います。さかのぼれば２０１１年の東日本大震災、２００８年のリーマンショクととにかく、株価の暴落には、いくら個別株の選別をして最高のタイミングで購入しても、それを無にするかのごとく巻き込まれてしまうのです。

このような暴落時には

①「新たに株を買う」

②「買い増しをする」

③「嵐が過ぎるまで傍観する」

④「ロスカットをする」

という4つの対応が考えられます。

①の「新たに株を買う」という選択は、まだ欲しい銘柄を購入していない場合には大変有効です。

②の「買い増しをする」という選択は、高配当や業績から力を入れたい銘柄があれば株数を増やす場合に使えます。株主優待は株主ごとに送付されるので、家族に自分と同じ銘柄を自分の購入価格よりはるか安く購入する場合に妙味があります。

③の「嵐が過ぎるまで傍観する」という選択はおそらく、すでに新規に株を購入する余裕がない方に当てはまるでしょう。あるいは、それなりの保有株があり株式投資のポジションが構築している方が当てはまるのではないでしょうか。

④の「ロスカットをする」という選択は、フルポジションで資金的に限界の方、「精神的に耐えられない」という方、逆に相場が落ち着いたタイミングで買い戻すというような上級者の方、または購入時に「この株価以下になったらロスカットをする」とルール化した方だと思います。

④のロスカットを除けば、自分の購入価格以下にならなければ、含み損になること

はありません。とにかく株式は安く買うことを日頃から意識しなければなりません。

とは言っても、含み損になってしまう、あるいはロスカットをしなければいけなくなるといった心情を緩和できる手法はないものでしょうか。

「個別銘柄や日経平均先物の空売り」、あるいは「オプション取引のプットを購入する」などの手法がありますが、中級者以上のテクニックとなるため本書では推奨はいたしません。

私は、掛け捨て保険感覚でＥＴＦを購入することをオススメします。ＥＴＦとは、上場投資信託のことです。投資信託

●インバース（ベア）型のＥＴＦ

銘柄コード	銘柄名
1357	NEXT FUNDS 日経平均ダブルインバース・インデックス連動型上場投信
1360	日経平均ベア２倍上場投信
1459	楽天ETF- 日経ダブルインバース指数連動型
1569	TOPIX ベア上場投信
1571	NEXT FUNDS 日経平均インバース・インデックス連動型上場投信

●インバース（ベア）型のＥＴＦ

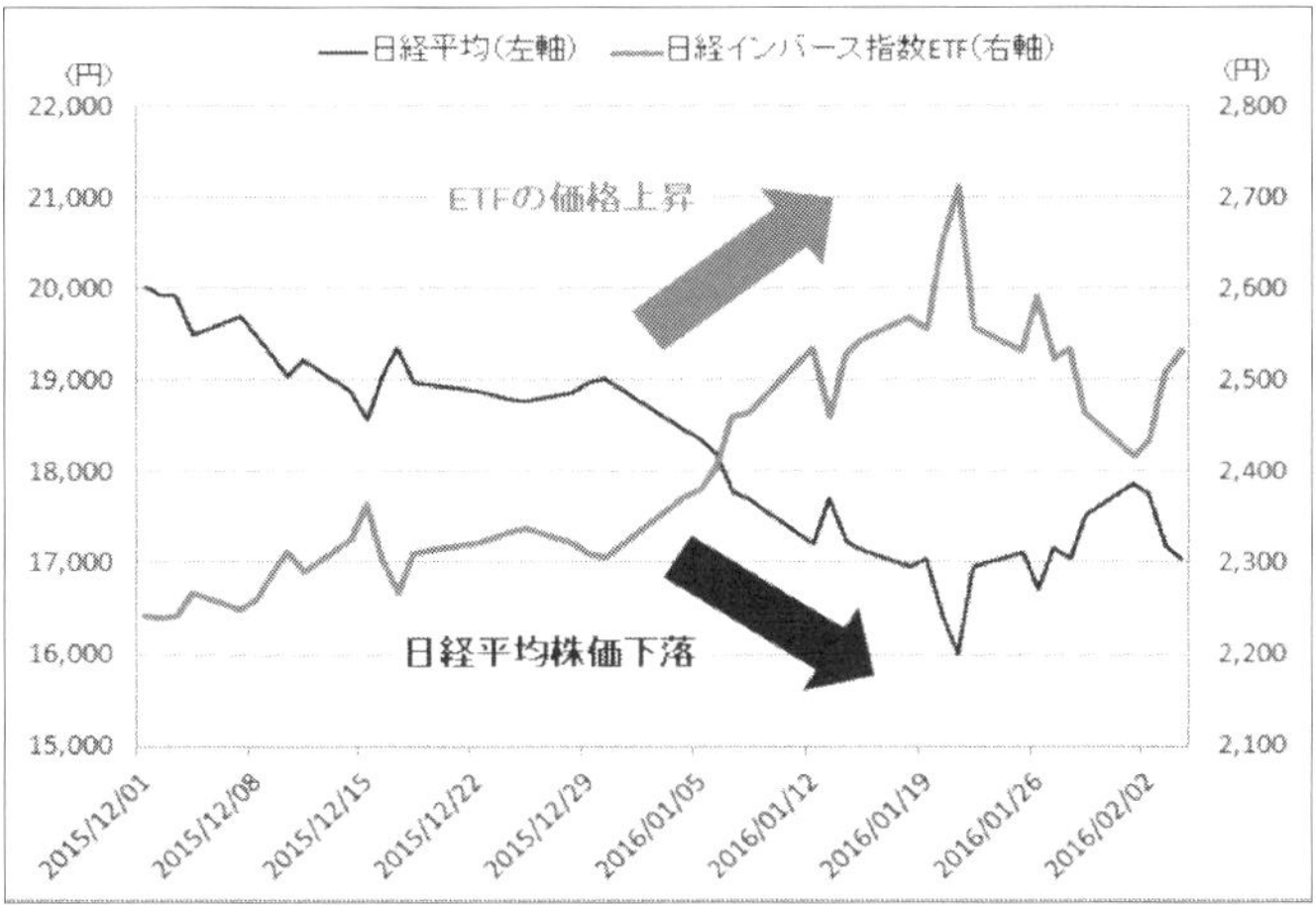

は証券取引所に上場しています。つまり、ＥＴＦは株の売買と同じように証券会社を通して取引ができるもので、日経平均株価の動きに合わせて、それと同じように動くように作られています。個別銘柄を選べない方にはうってつけです。

◆個別銘柄とＥＴＦで時間差投資

具体的には、前ページのようなインバース（ベア）型のＥＴＦです。

実際に上図の日経平均とＮＥＸＴＦＵＮＤＳ日経平均インバース・インデックス連動型上場投信のチャートを見てみま

す。

見事に日経平均株価の下落に対してＥＴＦは上昇しており、結果的に保有していれば、含み損が軽減される結果になろうかと思います。

ですから、個別銘柄を購入した後に、株価が上昇しない、あるいは希望売却株価に達しない場合は、月に少しずつでも掛け捨て保険感覚でこのようなＥＴＦを購入するのもいいのではないでしょうか。

私は、これらのＥＴＦは日経平均が上昇すれば安くなりますので、この先1万8000円～1万9000円となってくる場合では、新たに購入しようと思っています。

ですから、日経平均が安くなれば個別銘柄の購入、高くなればインバース（ベア）型のＥＴＦの購入という時間差の投資戦略が有効ではないかと考えてます。

ちなみにＥＴＦでもキャンペーンを実施していることがあります。購入時は「ＥＴＦキャンペーン」で検索確認するのが賢明です。

コラム　DC（確定拠出年金）の活用

DCと言われてもピンとこない方もいらっしゃると思いますが、単に加入をすれば、将来リタイア・退職した際にその金額が自分に給付されるというものです。

メリットとしては、NISA同様、運用益が非課税となり、その掛け金が全額所得控除になるというところになります。

その所得控除額は、最大の掛け金として年間27万6000円の場合は、最大5万5200円（所得税率20％で計算）もの金額が年末調整で戻ってきます。もしもこれを仮に30年間続けたら、165万6000円が戻ってくるわけになりますから、このメリットは大きいところであります。

あとは、どのような商品に運用を任せるかというところでありますが、NISAの場合は、期間が5年の縛りがあり、投資商品しか利用できま

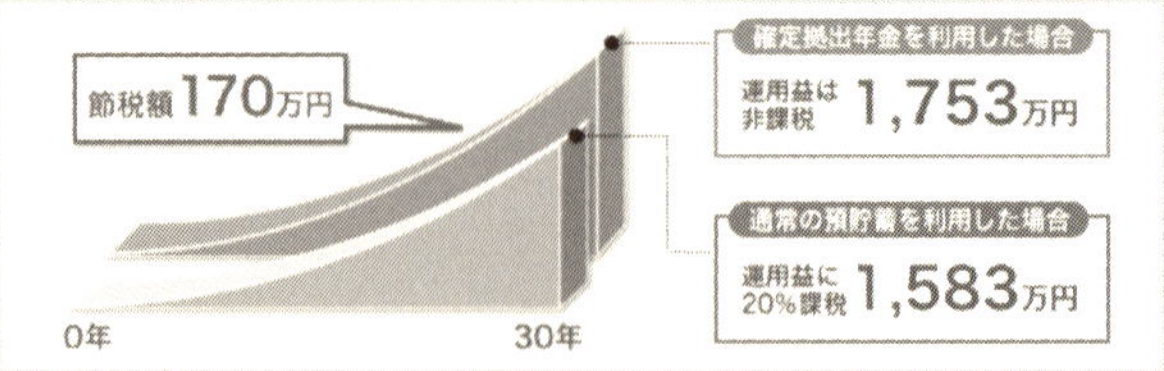

せんが、ＤＣでは、定期預金や保険といった元本保証の商品にも利用できますから、単に所得控除狙いというところも選択できますし、リスクを承知で仮に月々３万円を積み立て３％の複利運用の商品に投資をしても、上記のように非課税の枠がありますから、効果は一目瞭然であります。

以上のことから、私は比率的に５割元本保証、残りの５割は手数料も安いことから、３％狙いの投資商品を選別するところであります。

第8章

なぜ、あなたは種銭すら貯められないのか？

☑お金が貯まらない理由は「収入＞支出」だけ

☑ストレスのかからない節約をする

お金が貯まらないシンプルな理由

さて、ここまでは少額投資の方法でしたが、ここからは株を始めたくても、種銭が貯まらない人に向けて書きます。

お金が貯まらない人は、どうしてお金を貯められないのでしょうか？

これは、読者もわかっている当たり前のことです。

収入＜支出、それだけのことです。

収入などの給与や副業の現金以上に生活費や娯楽といった現金の支出が多いから、お金が貯まらないのです。

私も大学を卒業して、数年は収入＜支出の生活が続きました。貯金を取り崩し、株式投資で莫大な損失をこうむった時には、借金生活を視野に入ることもありました。

さて、私はファイナンシャルプランナーの立場として、懇親会等で、左上のような

●4人家族の家計簿

収入（月間手取り）		支出	
夫	240,000円	住宅費	80,000円
妻	60,000円	食費	60,000円
		水道・光熱費	24,000円
		通信費	36,000円
		日用品	7,000円
		生命保険料	18,000円
		教育費（2人）	32,000円
		交際・娯楽費	21,000円
合計	300,000円	合計	278,000円

4人家族の家計簿の相談を受けることがあります。

一目瞭然でありますが、毎月2万円程度の黒字でありますが、まとまった旅行代などは、ボーナスで対応しているとのことでした。素人判断であれば、交際・娯楽費2万円を0円にすれば株式投資資金にさらに活用できるのではないかと思う方も多いと思いますが、さすがにここは最後の砦として、死守したい面ではないでしょうか（笑）。

この家計簿の改善法は、もう少し具体的に1つずつ、ヒアリングをしなければわからないと思います。このあたりは、家計再生コンサルタント、ファイナン

● 40歳単身者の家計簿

収入（月間手取り）		支出	
給与	250,000円	住宅費	70,000円
		食費	48,000円
		水道・光熱費	15,000円
		通信費	18,000円
		日用品	4,000円
		生命保険料	3,000円
		娯楽費	5,000円
		交際費	30,000円
		被服費	7,000円
		習い事費	15,000円
合計	250,000円	合計	215,000円

シャルプランナーの横山光昭氏からの意見も後述します。

また、単身者からの相談もあります。

上記の表を見てください。

40歳単身ということもあり、趣味も気兼ねなく楽しんでいるようです。

しかし、あればあるだけ使ってしまうから、投資に廻せるお金がなかなか作れないとのことでした。

いずれにしろ、ここで紹介した方々は、このような状況を打開しなければ、株式投資を本格的に始めることは難しいでしょう。

◆やるべきことは「支出を減らす」

では、このような場合、どこを改善すればいいのでしょうか。

結局のところ「収入を増やす」か「支出を減らす」のどちらかです。

前者の「収入を増やす」ということであれば、真っ先に投資という考え方もありますが、その投資の種銭、軍資金をまずは確保しなければいけません。その選択肢はなくなります。

では、実際にどのように収入を増やすのかという観点ですが、正直に言って、サラリーマンの給料やＯＬの皆さんの給料が、昔のように年々増えるということは難しいでしょう。

となると、消去法ですが、やるべきことは「支出を減らす」の1点です。

しかし、この「支出を減らす」というのは、かなりストレス負荷になる方がほとんどでないでしょうか。

誰しもが、無駄に支出しているのではなく、必要であるから支出をしているのでのです。その水準を落とすというのはなかなか難しいのです。

たとえば、食費を削る、子どもの教育費を削るなどなど、言うのはたやすいですが、実践するにはなかなかブレーキがかかります。

もちろん、最低限度の支出の見直しはぜひともやらねばなりません。

しかし、過度な支出削減でかえってストレスが貯まるようでしたら、節約はやることはありません。

「えっ！　それでは株式投資の種銭はどうするの？」

というツッコミがもちろんありますが、そのあたりの回答は次章から記載します。

いずれにしろ、なぜにお金が貯まらないというのは、シンプルな結論に達するものです。とにかく、収入以上に支出をしている。

それだけです。

第9章

種銭のための「面倒くさくない」節約術

☑ クレジットカードは節約に必須
☑ 新規契約はポイントサイト経由で申し込む
☑ 種銭を貯められる人は「やる」人

まずは100万円を貯めよう

投資には様々なジャンルがありますが、皆さんは最初にどれくらいのお金が必要か意外に把握していない方も多いのではないでしょうか。

たとえば、不動産投資では、銀行からお金を借りられるので、手持ち資金はほとんどかからないと誇大宣伝をするような業者もあります。実際のところ、購入代金の頭金として2割や3割が必要であり、購入時の諸経費としても6～7％かかります。仮に1000万円の不動産を購入する場合には300万近くかかります。

もちろん、近年は、フルローンという形でそのあたりも許容できる投資法もあります。それでも、物件価格の1割程度は自己資金として用意しておくことが望ましいと言われています。

なお、不動産投資の諸経費で最も多くかかるのは税金です。物件購入時の不動産取得税をはじめ、物件保有中には固定資産税などがかかります。

また、保有中は突発的な大規模修繕や空室等も発生する可能性があるため、少なくとも300万円くらいは余剰金として確保しなければいけませんから、資金面ではハードルが高いと思います。

大前提として、不動産投資を始める前にまず考えなければいけないのは、「自分がいくらローンを借りられるか」という融資条件の確認です。その金額は、購入物件の立地やスペックにもよりますが、おおむね年収6～20倍が目安となります。（この目安も年齢や家族構成、保有物件の残債、返済比率などで変わります）。

一方、FX投資では、少額でレバレッジを生かした投資ができるということで、断トツの人気があります。わずか10万円程度の資金であっても、最大で250万円の取引ができるのです。

わかりやすく言えば、1ドル＝100円の時に銀行で1万ドルを外貨預金する場合、100万円の資金が必要ですが、FX投資だと4万円（25倍のレバレッジ）で1万ドル（100万円）の取引ができます。

しかし、その場合は損失も25倍です。仮にその後、99円になったとします。レバレッジをかけていなければ1000円の損失ですが、25倍ですから、2万5000円の損失となります。レバレッジをかければかけるほどハイリスクにもなりますから、実際に投資をする場合、種銭が少額ならレバレッジは2倍とか最大でも5倍くらいにするのが賢明ではないかと思ってます。

そのような中、私が推奨する株式投資では、冒頭にも記載しましたが、本格的に始めたいなら100万円は必要と考えてます。もちろん、200万円とか300万円とかあれば、もっと理想ですが、さすがに、そこまでの資金を作るには時間を要します。まずは1年間で最低限度の100万円を種銭とする目標にしてもらい、2倍の200万円をゴールと目指していただきたいと思います。

とは、言っても、その100万円自体を捻出するのに、2～3年かかってしまうのでは、読者の期待を裏切る形になり、意味がありません。

先に記したように10万円からでも株式投資ができる手法と節約を組み合わせて100万円を目指しましょう。

種銭を貯めるための節約術

節約というと、「スーパーのチラシを見て1円でも安く買う」「節水コマを使う」「読みたい本は図書館を使う」ということを実践している方も多いと思います。

もちろん、そのような節約も大切であり、継続することには意味があります。しかし、本書ではまた違った角度での節約術を掲載します。

イメージは、支出項目を減らすのではなく、支出時のお金を減らすというものです。

ちょっとした手間暇をかければできるものも多々あり、なかには初めて聞く内容もあるでしょう。いくつか紹介したいと思います。

◆クレジットカードで種銭を貯める

1つは、クレジットカードの使用です。

そもそもクレジットカード自体を持たない方もいるかもしれませんが、今回、紹介する「P-one カード（Standarad）」は請求時に自動で1％割引となる画期的なカードです（http：//www・pocketcard・co・jp/card/card_pone_s・html）。

買物の度に1％割り引かれるので、ポイントを貯めて交換という手間がありません。また、特定の企業のサービスでしか使えないポイントではなく、請求額から割り引かれます。

これは忙しい方やとにかくポイントの管理や申請の手間暇を考えれば、とても便利です。ほとんどのクレジットカードは、ポイントを貯めて交換する手続きをする必要があります。

また、多少のポイント管理時間くらいはかけても構わない方については「リクルートカード」を推奨します（http：//recruit-card・jp/?campaignCd=crda0001）。

こちらは還元率が１・２％です。差は０・２％ですが、ポイントサイトが充実しており、中には３％とか４％の還元になるモノもありますから、推奨します。

もちろん、ここで紹介したクレジットカードは共に年会費が無料です。最初に申し込みをする手間暇がかかるのみです。


そのクレジットカードを使って更なる錬金術を１つ紹介しようと思います。

それは、固定資産税や自動車税と言った、税金の支払いです。

「えっ！　税金の支払いにクレジットカードが使えるようになったの？」

「それでクレジットカードのポイントを付けるのですね？」

というような答えがありそうですが、残念ながら違います。


そもそもその手法が王道であり、便利なことは言うまでもありませんが、決済手数料を別途取られるようになっています。

そうなるとクレジットカードのポイントと相殺、あるいは還元率によってはマイナ

● nanacoとクレジットカードをひもづける

スになるカードも出てきます。

◆ nanacoとヒモづける

では、どのようにするのかというと、セブンイレブンで使えるnanacoカードにクレジットカードからチャージをして、セブンイレブンの店頭、nanacoカードで税金を支払うということだけです。

言われてみれば、簡単なことであり、手順は次の6項目をするだけです。

①nanacoチャージでポイントが貯まるクレジットカードを探す。

●nanaco還元率一覧

カード名称	還元率	年会費
リクルートカード	1.2%	無料
Yahoo!JAPANカード	1.0%	無料
楽天カード	1.0%	無料

②セブンイレブンでnanacoカードを発行する。
＊イトーヨーカ堂やセブンイレブンでの入会キャンペーン時に無料で発行可能
③クレジットカードとnanacoを紐づける
＊一度の事前登録のみです
④クレジットカードからnanacoへチャージする。
⑤セブン銀行ATMでnanacoの残高確認（センター預かり分を反映）
⑥レジでnanacoを使って税金を支払う。

固定定資産税、自動車税、軽自動車税、所得税、個人住民税などの税金、国民年金や国民健康保険料、電気・ガス・水道料金が年間50万円の支払いがある方は、年間5000〜60000円の削減効果になります。

ただし、あくまでもコンビニ（セブンイレブン）で支払えること（住まいによって異なります）とnanacoにチャージできるクレジットカードであることが必要です。そして、チャージにおける還元率が0・1％でもいいものを選ぶことがポイントです。

執筆時点では、前述したリクルートカードが1・2％であり、続いて、Yahoo! JAPANカードや楽天カードは1・0％となってます。

◆ポイントサイト経由で申し込む

次に、同じクレジットカードでもさらにポイントサイト経由で加入すると飛躍的に得をするものもあります。

次ページの写真は、加入したいカード会社のHPの申し込みページになり、3カ月以内に20万円の利用で1万ポイント、50万円以上の利用で3万ポイントの獲得です。このポイントの一番の使い勝手は航空券です。手数料はかかりますが、4万ポイントは4万マイルとなりますので、このようなキャンペーン時に加入するのが王道だと

●アメリカン・エキスプレスのサイト

●ポイントサイト経由で検索したサイト

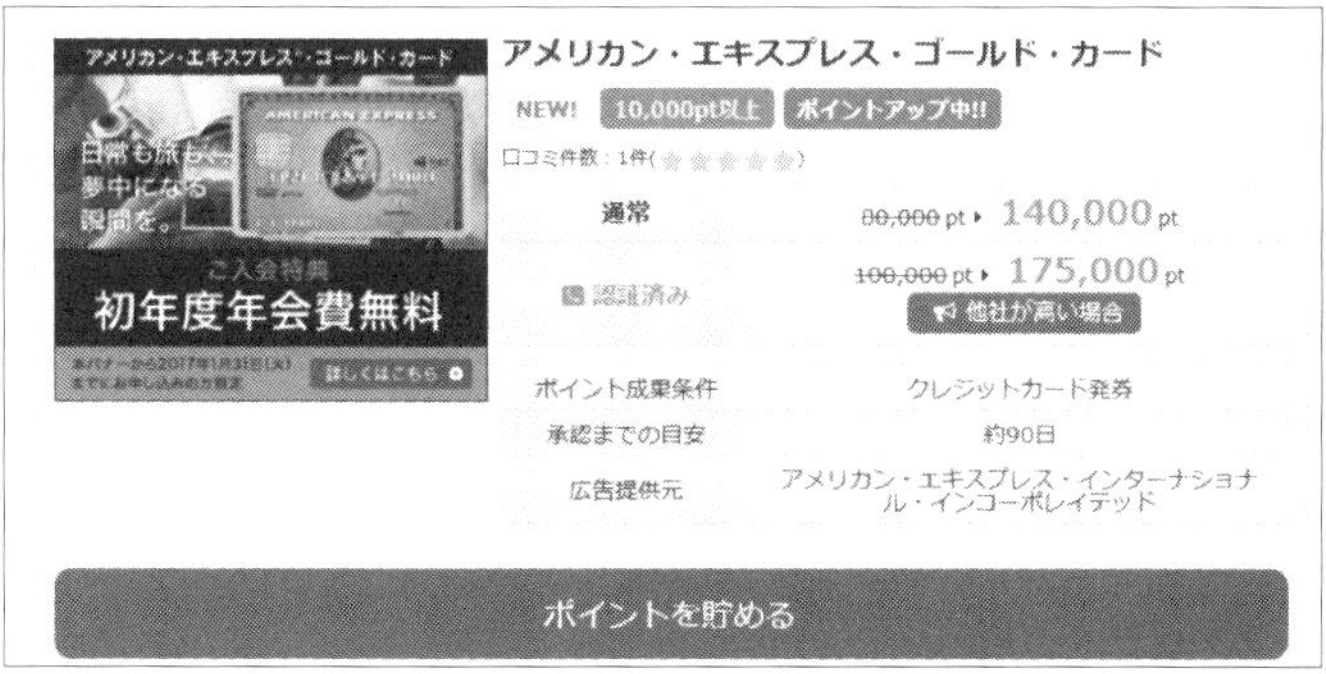

●アメックスゴールドカード加入

思ってます。

しかし、私がよく使うポイントサイトで検索してみると、初年度の年会費は無料であり、17万5000ポイント（1万7500円相当）が、入会時にカードを一切使わずにもらえるという優れものになってます。

当然、同じカードを作成するのであれば、こちらのようなポイントサイト経由での加入のほうがお得です。

ちなみに、クレジットカードのサイトでこのようなボーナスポイントをいろいろなサイトで検索してみると、終了してしまいましたが、追加で上記のようなサービスもやっていました。アメックス祭りと言われ

●カード会社とポイントサイトではおトク度がまるで違う

カード名称	カード会社のキャンペーン	ポイントサイトのキャンペーン
年会費（1年目）	29000円	0円
カード獲得ポイント（条件あり）	最大40,000ポイント	なし
ポイントサイトからのポイント	0円	最大17,600円

る用語たるものも広まりました。

いずれにしろ、ポイントサイトから加入すれば、初年度の２万９０００円は無料になり、ポイントサイトからポイント自体を獲得できるので、同じカード加入によっても、どちらがお得かは一目瞭然です。

参考までに、２０１６年10月末時点でのアメックスゴールドカード加入に伴うポイントサイトの金額を次ページに記載しておきます。

今回は一例として、すぐに参加できるキャンペーンで比較しましたが、とにかくカードを作成するには、各ポイントサイトでの比較をすることが必須です。

●サイトごとにアメックスゴールド加入による獲得金額は異なる

17,600 円	GetMoney!
17,500 円	i2i ポイント
16,800 円	チャンスイット
12,000 円	ポイントタウン
11,000 円	ちょびリッチ
10,500 円	ポイントタウン
10,500 円	CLUB Panasonic コイン
10,000 円	ハピタス
10,000 円	モッピー
10,000 円	お財布 .com
10,000 円	PeX
9,072 円	ポイントミュージアム
9,000 円	ポイントモンキー
9,000 円	お小遣い JP
8,424 円	はちねっと
8,000 円	POINT-BOX
7,500 円	PONEY
7,500 円	すぐたま
7,500 円	ライフメディア
7,500 円	G ポイント
7,500 円	ポケマ Net
7,500 円	ワラウ
7,500 円	PeX
7,490 円	げん玉
7,000 円	ポイントハンター
6,500 円	フルーツメール
6,000 円	すぐたま
6,000 円	ライフメディア

種銭収集術を一挙公開

次は誰もが使ったことのあるネット通販のアマゾンです。

こちらも購入時に前述したクレジットカードで購入すれば1%近く割引ですが、私はこちらでは、giftissue（ギフティッシュ）やamaten（アマテン）を使ってギフトカードで購入してます。

なぜならサイトをみれば一目瞭然ですが、4~10%引きで購入することができます。

ただ、注意をするのは、中にはエラーのギフトカードが混入されている場合があるので、必ず30分以内に登録ができるかどうかの確認してください。最初のうちは、高額購入や一度に大量の購入は避けたほうが賢明です。

続きまして、デパートの友の会の入会です。こちらは、仮に月1万円の積立をすると1年後に12万円ではなく13万円分の買い物ができるものです。一部海外ブランド品や商品券は使えませんが、セール品、特別ご奉仕品、食料品などにも使えます。ポイントは、「該当するデパートの使用頻度」「何を買うのか」「いつ買うのか」の3点だけであり、このポイントさえ抑えてしまえば、あとは積立を開始して、恩恵を得るだけです。

また、細かいところを言えば、新規入会や友人紹介キャンペーンなども実施してます。そのタイミングを活用するのは一考です。

いずれにしろ、ざっくり8・3%超の利回り（12万円→13万円）ですので、デパートを使う方は入会が必須だと思ってます。

なお、私は三越・伊勢丹ホールディングスのエムアイ友の会と大丸松坂屋の友の会には入会してます。

◆金券で種銭を貯める

最後はこちらも誰も使っている金券屋の活用です。最近では、わざわざ都心にうかがわなくてもネットで購入できるのでこちらも重宝してます。

何も考えなくていいところでは、ジェフグルメカードです。こちらは、有効期限が

●6～8％引きの恩恵を受けている

なく、全国3万5000店舗で使える食事券です。4％引き近く安く購入できますので、500円券50枚とか100枚とか、1度に購入することが多いです。

また、同じ食事などでは、ぐるなびギフトカードがオススメです。ぐるなびギフトカードは、全国1万4510店舗で使用でき、雰囲気のいいレストランやバーから居酒屋、チェーン展開している木曽路やリンガーハット、あるいは餃子の王将といったところまで使えます。こちらも私は5万円分を4万6000円～4万7000円で購入してますから、6～8％引きの恩恵を受けています。

ここで紹介した節約術について、講演時にお話をすると、「えっ！　JACKさん、そんなことまで考えているの？」とか「細かいですね」とか驚かれることもありますが、私自身も時には散財することもありますし、株式投資がまったく不調なときもあります。

その場合において、支出の工夫をいくつかすることで、資産運用でなく資産構築に寄与することができるます。「知っている」と「知らない」、あるいは「やっている」と「やらない」とでは大きな差になるのではないかと思っております。

対談 節約のコツを横山光昭氏に学ぶ

家計再生コンサルタント横山光昭氏との一問一答をまとめました。「節約」と言えば、この方にお話をうかがわない訳にはいきません。まず冒頭、2つの家計簿（次ページ再掲）を見てもらいました。

横山氏が見て即答したのが、通信費の部分です。

横「通信費が高すぎます。最初の手間はかかりますが、格安ＳＩＭを使えば、後は労力をかけずに費用を半分から3分の1以下に抑えられます」

Ｊ「確かに、仕事などで電話を多く使うなら大手キャリアでもいいかも

●4人家族の家計簿

収入（月間手取り）		支出	
夫	240,000円	住宅費	80,000円
妻	60,000円	食費	60,000円
		水道・光熱費	24,000円
		通信費	36,000円
		日用品	7,000円
		生命保険料	18,000円
		教育費（2人）	32,000円
		交際・娯楽費	21,000円
合計	300,000円	合計	278,000円

●40歳単身者の家計簿

収入（月間手取り）		支出	
給与	250,000円	住宅費	70,000円
		食費	48,000円
		水道・光熱費	15,000円
		通信費	18,000円
		日用品	4,000円
		生命保険料	3,000円
		娯楽費	5,000円
		交際費	30,000円
		被服費	7,000円
		習い事費	15,000円
合計	250,000円	合計	215,000円

しれませんが、一般的な使い方なら格安ＳＩＭで十分ですね」

横「後は、行動力のみです」

Ｊ「行動力とは？」

横「たとえば、この家計簿を相談した帰宅途中、すぐに家電量販店に行って、ＳＩＭを購入するなど、すぐに行動する方です。『後でやろう』『今日はいいや』と思う人は、節約への道は険しいですね」

Ｊ「なるほど。確かに私も『時間ができたときやろう』などと先延ばしにしてしまいます。結局、そのままで放置してしまうことが、仕事でも遊びでもありますね。節約指南を求めてくる相談者の傾向はありますか？」

横「浪費型は減って、貧困型が多くなっている気がします。消費をたくさん行いお金に困るというより、所得に対して生活水準が高いため困窮するタイプです」

J「そのまま生活困難になってしまうのはどういう方ですか？」

横「生活感・価値観を変えられず生活水準を落とせない人は、収入が増えないのであれば破綻の可能性が高くなります」

◆無理をしない節約術

J「節約は忍耐が必要ですか？　我慢はストレスもかかると思いますが」

横「やっても苦にならない節約をすればいいんですよ。たとえば毎日、待機電力の節約でコンセントを毎日、せっせと抜くより、ＬＥＤ電球にする。節水なら、蛇口をひねる回数を少なくするのではなく、節水型シャワーヘッドに交換する。先ほどの格安ＳＩＭもそうですが、最初の１回の手間だけですから、忍耐もストレスもないですよね」

節約といえばストイックなイメージがありましたが、様々なアプローチがあることがわかりました。対談の結果、私なりに構築した節約・種銭の流れは次のとおりです。

・コミュニケーション（人への聞き方やアドバイス等含む）
←
・価値観を変える（生活水準を見直す）
←
・情報を収集する（書籍・ネットで調べる）
←
・行動に移す（実行力、面倒くさがらない）

なお、もっと詳細にお話を聞きたい方は、

株式会社マイエフピー　mail：fp@myfp・jp
TEL：03-3376-8550

横山氏にお気軽にコンタクトを取っていただければと思います。

第10章

「セコい」と言われても道ばたの10円は拾うが勝ち

☑ 小銭をかき集められる人が投資にも勝てる
☑ クレジットカードはポイントサイト経由で申し込む
☑ 種銭を貯められる人は情報収集力と行動力がある

ただ開くだけではもったいない証券口座

読者の皆さんにここで質問です。

今、大雨が降っています。
傘をさしながら両手に荷物も持っています。
その中、道端に50円玉が落ちていました。
貴方は拾いますか？

私は迷いもなく、傘もたたまずに悩むことなく拾います。
10円玉でも拾います。

もうこれは貧乏時代の本能かもしれませんが、お金の大事さをわかっている人なら、面倒くさいとか濡れたくないという感情は抑えきれるものです。

もちろん、セコいとか恥ずかしいという指摘もあるかもしれません。しかし、とにかくそのような小銭をかき集めるというスタンスは株式投資をやるなら、ぜひとも取ってもらいたいです。いや、取るべきです。

さすがにいつも道端で小銭が落ちているわけではありませんが、本章で紹介する案件もちょっとの手間をかけるだけ、知っているか知らないか、やるかやらないだけのことで、小銭をかき集められるものです。

本書を手に取ったはじめて株式投資をやる方には実践してほしいです。

株式投資をする場合、証券口座というものを開設しなければいけません。その場合、店頭証券とネット証券の2種類があります。違いはインターネットに特化しているかどうかです。

店頭証券のほとんどが、元々は店頭での株式売買だったので、老舗の証券会社はどこも利便性の高い場所に店舗を構えています。面と向かって相談ができるのは心強い点だと思います。

一方、ネット証券は店舗をもつ必要性がなく相談や営業マンを雇わなくていいので、固定費・人件費を抑えることができ、株式の売買にかかる手数料を安くすることができます。

対面のアドバイスも役に立つときもありますが、株式の売買にかかる手数料を考えれば、店頭証券でなくネット証券で口座を開設するのが原則です。

ここでインタネーネットで「ネット証券　口座　キャンペーン」と早速、検索してみます。

一気に様々なサイトが掲載されてます。

すべてを見ても構わないのですが、ここではその中のウェブとして、価格コムのサイトを引用します。

●口座を開くときもキャンペーンを利用すること

価格.com限定キャンペーン　（並び順:証券会社名-五十音順

価格.com経由で証券口座を開設し、キャンペーンの条件を満たした方のみ、プレゼントを受け取れます。

証券会社	口座開設	期間	特典	キャンペーン情報
SBI証券		9月30日(金)まで	現金4,000円	SBI証券の証券総合口座を開設し、対象期間中にSBI証券の証券総合口座から住信SBIネット銀行のSBIハイブリッド預金へ一括で50,000円以上の振替をされた方に、現金4,000円プレゼント。
岡三オンライン証券		9月30日(金)まで	現金5,000円	キャンペーンコードを入力し、新規口座開設と株式、投資信託のどちらかの商品を1回以上取引した人に、もれなく現金5,000円プレゼント。
カブドットコム証券		8月31日(水)まで	現金3,000円	新規口座開設で1,000円プレゼント。さらに投信10万円以上の買付で2,000円プレゼント。
GMOクリック証券		8月31日(水)まで	Amazonギフト券4,000円	証券総合口座を新規開設し、現物取引または信用取引を1回以上の取引でAmazonギフト券4,000円をプレゼント。
松井証券		申し込み:〜8/24 口座開設:〜8/31	現金10,000円	新規口座開設で、口座開設日から翌月末までの期間の株式取引手数料が、最大10,000円キャッシュバック。
マネックス証券		9月29日(木)まで	現金4,000円	新規口座開設＋5万円のMRF買付(入金)をした方に4,000円プレゼント。
ライブスター証券		9月30日(金)まで	現金3,000円	キャンペーンお申し込みから60日以内に新規口座開設を完了された方に、現金3,000円プレゼント。

証券会社キャンペーン　（並び順:証券会社名-五十音順

各証券会社の独自キャンペーンです。証券口座を開設し、キャンペーンの条件を満たした方のみ、プレゼントを受け取れます。

証券会社	口座開設	期間	特典	キャンペーン情報
SBI証券		8月31日(水)まで	最大70,000円	総合口座開設、NISA口座開設、FX口座開設＋各種お取引条件クリアした方に、最大70,000円プレゼント。
ライブスター証券		9月30日(金)まで	株式手数料無料	証券総合取引口座、信用取引口座、先物・オプション取引口座を新規に開設された方の取引手数料が約2ヵ月間無料。
楽天証券		8月31日(水)まで	キャッシュバック＆最大115,000ポイント	新規口座開設＋お取引・エントリーで国内株式(現物)の初回から3回分の取引手数料を半額キャッシュバック。 さらに新規口座開設＋各種お取引で115,000ポイントプレゼント。

とこのように、口座開設をするだけとか、取引するだけとか、敷居が低いのが特徴です。

ここに掲載されている証券会社を開設するだけでも2万円は得ることができます。

もちろん、名義ごとですから、家族で口座加入をすれば4〜6万円になるわけです。（一部のネット証券では未成年者は開設できません）。

ちなみにＦＸ会社の口座加入でも同じことが取り上げられてます。

こちらは証券会社よりさらに数が多いことが特徴です。

このうち、かなりの取引数をしなければいけないなどの条件つき案件については、取引自体に慣れるまではオススメはしません。

しかし、数回の取引であれば、すぐに反対売買をすれば、為替のスプレッド（ＦＸ会社への手数料）分しか損をしませんので、ほぼキャッシュバック全額が受け取れます。

ついついい、（私も経験済みですが）ＦＸでも儲けようと躍起になると、軽くそのキャッシュバック分以上のお金を溶かす方がほとんどです。

また、ＦＸ会社については、証券会社と異なり、口座開設後も、入金額や取引数に応じたキャンペーンをやってます。そのあたりは大変有難いです。

なお、ＦＸ会社は証券会社と異なり、再度の口座加入を認めない会社もあります。

また、いつ既存の口座開設者向けのキャンペーンが始まるかわかりません。一度、開設した口座は廃止をしない方が賢明です

◆ＦＸはキャンペーンが多い

●ＦＸもキャンペーンをしている会社が多い

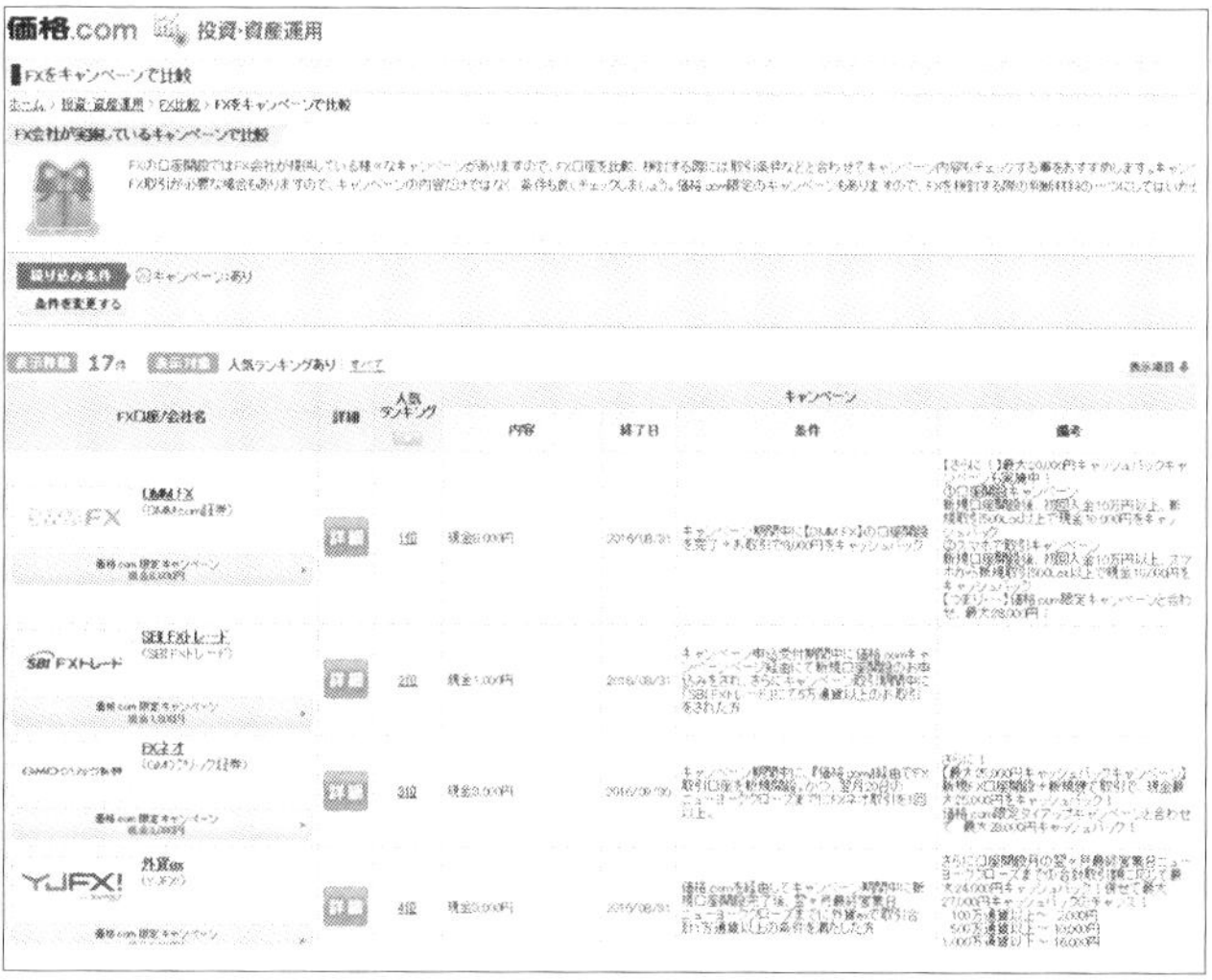

◆種銭集めの裏ワザ①

もちろん、投資に関係ない小銭案件もあります。

それは自動車保険関係です。

こちらも気軽にネットで見積りをして、後は結果をハガキやメールで教えてもらうだけで500～1000円の図書カードやクオカードがもらえるものがほとんどです。

私も更新日の2～3ヶ月前になると、せっせと見積りをお願いして、場合によっては、その見積額で、保険会社を変更して契約をします。

すると、追加のキャッシュバック

もあるので、恩恵を受けることもあります。

とにかく、今の契約を継続する場合でも車検証を手元に用意すれば作業は5分くらいです。こちらもやるかやらないだけの話です。

参考までに3年間の私の車1台のみの獲得額は下記のとおりになってます。

2013年　見積り特典プレゼント総額　3111円

・保険の窓口 インズウェブ→マックカード　500円
・保険スクエア bang!→ハーゲンダッツギフト券 500円
・価格コム　自動車保険見積もり→ジェフグルメカード　500円
・goo保険　自動車保険一括見積もり→マックカード　500円
・楽天自動車保険一括見積→楽天ポイント　1111円

2014年　見積り特典プレゼント総額　1500円

・保険の窓口 インズウェブ→ジェフグルメカード　500円
・価格コム　自動車保険見積もり→ジェフグルメカード　500円

・楽天自動車保険一括見積り↓マックカード５００円

２０１５年　見積り特典プレゼント総額　２６１１円
・保険の窓口インズウェブ↓マックカード　５００円
・保険スクエアbang!↓図書カード　１０００円
・楽天自動車保険一括見積↓楽天ポイント　１１１１円

インズウェブ、保険スクウェア、価格コム、楽天あたりは見積りを取る必須の保険会社と言えます。

２０１６年もさっそく、見積りをお願いして、保険の窓口インズウェブで５００円、楽天自動車保険１１１１円分のポイントをいただきました。作業は2分くらいでした。

また、自動車を保有していない方には生命保険という選択肢もあります。金額も５０００円以上の案件で、それなりの相談をし、アドバイスがもらえますので、加入や変更を考えている方には必見です。

しかし、面談を含むという条件もあるので、最低1時間近くは拘束されます。また、それなりの提案がありますから、迷った時は言いなりにはならないといった覚悟が必要です。

◆種銭集めの裏ワザ②

最後に更なる高額案件として、不動産のキャッシュバックも紹介しておきます。

私は必ず、保有物件を売却する場合にはキャンペーンを活用します。

ポイントは、売却できなくてももらえる点です。

だから、この金額だったらさすがに売れたらいいという価格で1社だけに売却を依頼(専属専任媒介契約)するものです。単純に契約するだけで、1~3万円がもらえます。

実際に売れたら困る、マイホームだから今すぐ売却を依頼する予定はない、という方は、査定をするだけでも1000~2000円のプレゼントをする不動産会社を選びましょう。

私はかれこれ4年間で10社に依頼して、最終的にワンルームマンションを1室売却しており、売却時の仲介手数料のキャッシュバックを追加で獲得してます。

なお、余談ですが、賃貸に住んでいる方は、更新時の数ヶ月前に、アパートの管理会社や大家さんに「家賃や更新料が高いので引っ越しを考えている」と伝えてみてください。

管理会社や大家さんは、退出してまた入居募集となると、どんなに早くてもよほどの物件ではない限り、最低1カ月は家賃収入がなくなります。そうなると向こうは困るので、更新料や家賃を安くしてもらえる可能性があります。

私も6室のワンルームを保有してます

が、そのような交渉をされたら、更新料を半額とか数千円の値引きは対応せざるをえないでしょう。

特に周りの新築マンションに空室があったり、家賃が自分の保有物件の条件と比較して安いまたは同等の場合、ワンルームの規模であれば引っ越しもたやすいので、値引き交渉をされたら断る理由が見当たらないのです。

ですから、周辺の家賃相場も含めて交渉をすれば、成功する可能性はさらに高くなると考えられます。

コラム　有料セキュリティソフトも0円で

投資をしている方にパソコンはもう必需品だと思いますが、皆さんはセキュリティソフトは何を使っていますか？
パソコンを使う上では必ずセキュリティソフトが必要になってくると思います。

また、私みたいなトレーダーや外出環境での使用を必要な方は1台でなく2台3台、あるいはそれ以上という方も多々いると思います。
その場合で、各々のパソコンにセキュリティソフトを入れるとなるとかなりの金額になってくると思います。

もちろん、価格や性能、あるいはPCにかかる負荷等、様々な要素があり、これが一番というものはなく、結局は自分に合うセキュリティソフトを選ぶことが大切だと思います。

私は、株主優待でもらえるセキュリティソフトを3年前くらいは使ってましたが、使い勝手はちょっと悪かったかなという印象がありましたが、複数台に無料で使え、それなりのウィルス対策性能は高かったこともあり重宝してました。

しかし、上場廃止に伴い、株主優待も廃止されてしまったので、新規にソースネクスト社のセキュリティソフトを使用することとし、ユーザー登録をしたのです。

そして、そのユーザー登録などのマイページ（https://www.sourcenext.com/sc/users/login_myp/?i=direct）にマイル（ポイント）をもらえるサイトがあります。

結論から言えば、他のポイントサイトと異なり、わずかワンクリック2秒でその日のマイルがもらえるというもので、時には1回で20マイルも貯まることがあります。

つまり、それを1年間継続すると、2000マイル程度貯まります。そもそもソースネクスト社で他のソフトを購入してもマイルが貯まるので、そのマイルでセキュリティソフトを購入するものです。

私が使っているマイルとの交換

ソフトはこちらです。

ウイルスセキュリティ 1年版 ダウンロード版
1年間、1980円で、3台まで使える総合セキュリティソフト
※基本機能はウイルスセキュリティZEROと同じですが、使用期間が異なります（1年間） 1980マイル

以上のように、私はパソコンにおけるセキュリティソフトは一切、お金を使わずに対応しているのです。

第11章

情報を制する者は投資生活を制す！

☑ 真似をする人が種銭を貯める
☑ 検索ワード次第でネットは節約術の宝庫

誰でもできる情報収集

ここまでに紹介した節約術や小銭稼ぎ法ですが、私が真っ先に見つけたとか発掘したものは1つもありません。

「えっ！　そうなんですか」

と思われるかもしれませんが、すべて、ネットや書籍、あるいは人から聞いたものを単に真似をして実行したものです。

もちろん、その妥当性や費用対効果、あるいは自分にできる、できない等の判断は必要ですが、ここで紹介した案件は、私みたいな普通のサラリーマンでも容易に実践できるものです。読者の皆様も問題がないと思います。

では、そのような真似をする情報をどこから入手するのかがポイントですが、とにかく早く、いつでも実行できるという点では、ネット検索が一番です。

たとえば、グーグルで「キャンペーン」と検索すると様々なキャンペーン情報がで

●1 秒でキャンペーンを探す方法

てきます。

特に飲料系のキャンペーンについては、「絶対にもらえる」「抽選で1000名」などのものは十分に応募する価値があると思います。

また、同じように「キャッシュバック」と検索すると、一転、パソコンや携帯・スマホの案件が掲載されてます。

実際にパソコンや携帯電話を乗り換える時には妙味ある案件が掲載されてます。このように検索するだけでも簡単に素早く見つけることもできます。

「キャンペーン　投資」といった具体的なキーワードを組み合わせて検索すると、さらに案件を絞ることができます。

また、その上で、いつもアクセスするようなまとめサイトやブログは、お気に入りに保存をしましょう。さらに時間短縮をして情報を収集することができます。

●検索キーワード次第で可能性はさらに広がる

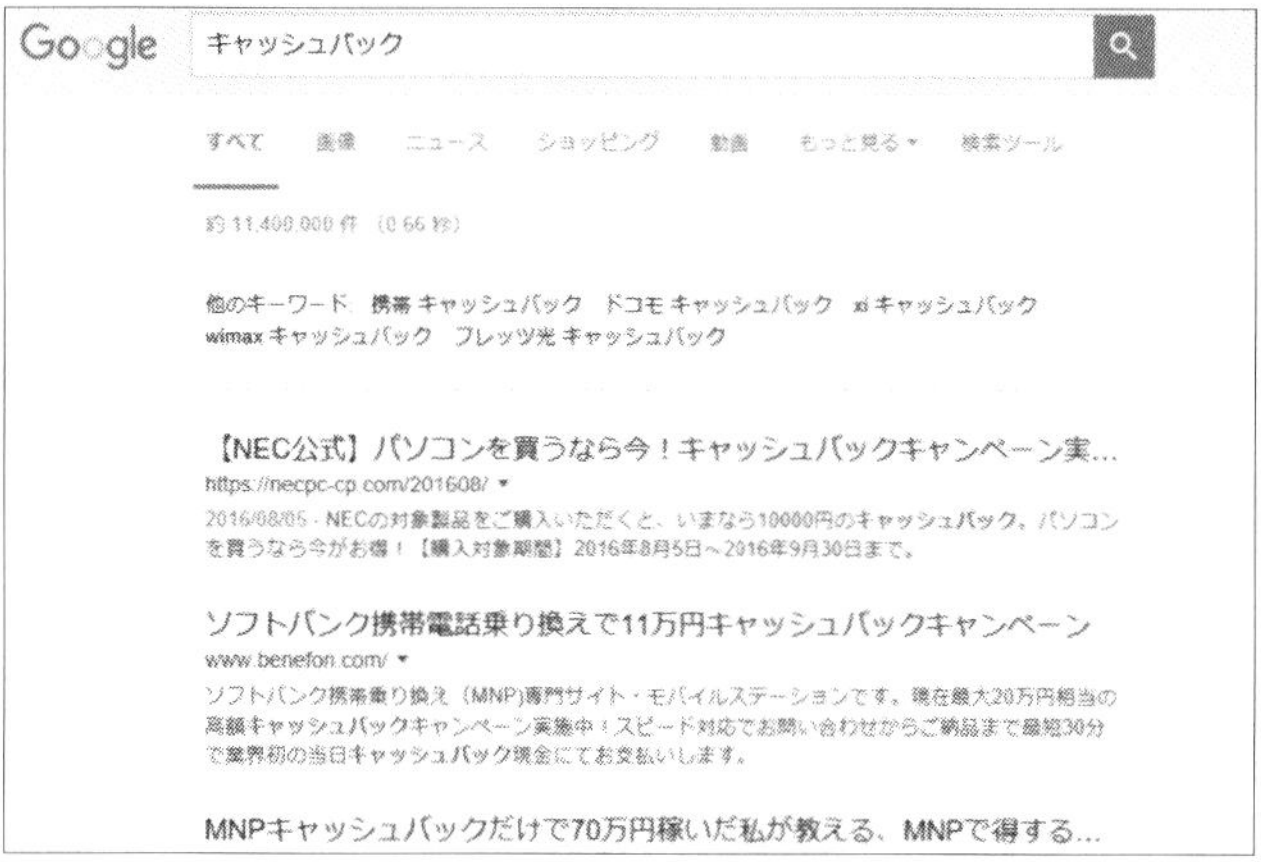

次に、情報のスピードという点では、劣りますが、新聞や週刊誌、あるいはビジネス誌やマネー書籍の「お金」に関する特集にも、ネットの内容含め、様々な節約術や小銭稼ぎ案件が掲載されることがあります。

情報の取りこぼし対策にもなります。

みなさん、面倒くさからずにやりましょう。

面倒くさがらずに、小銭をかき集めたものだけが、投資において最後に笑うことができます。

コラム ふるさと納税を使い倒す

ここ数年で一気に広まったふるさと納税（地方自治体への寄付金制度）について書きます。

メリットは、「寄付をすることでお礼品がもらえる」「確定申告で税金還付・控除（控除上限額の範囲内で自己負担は実質2000円）ができる」「好きな地域（自治体）を複数地域選べる」といったくらいです。数年後にはやらない方はほとんどいなくなるのではないかと思ってます。

ポイントは、いくらまで控除上限額で寄付をできるか、どのような自治体に応募すればいいのかという2点です。

前者ですが、自分の居住地の自治体に確認するのが確実ですが、目安の金額は、http：//www・furusato-tax・jp/example・html のサイトを参照すればすぐに把握することができます。

一方、後者については、雑誌やランキングサイトから選ぶのが手っ取り早いです。

まずは、大きく肉類・米、あるいはフルーツ、さらには家電まで幅広くありますから、自己消費を第一に考えます。

ちなみに、2年連続応募するとプラスαとして追加のお礼品がもらえます。人気のお礼品の場合、先行予約的な申込書が届く自治体もあります。

私もかれこれ5年近くやってますが、自分なりに見つけた注意点は以下のとおりです。

・食品関係は実際に食べてみないとわからない。ランキングの順位を過信しない。意外に自分の口に合わないものもある。
・寄付金額との費用対効果（コスパ）での選択は自家消費を考えればあまり意味がない。内容重視。
・迷ったら毎月届く定期便が便利。選ぶ手間暇を削減。選ぶのについつい時間がかかってしまいがち。
・どうしても欲しいなら人気商品やレア品は再開時を狙う。自分で閲覧したらたまたま在庫があったというくらいのスタンスでよい。

以上のように、私はまだ、『これは！』というような満足する、毎年選択してもいいような食品はなく、仮に妥協して、選択しようとすると、品切れであったりするので、ここ数年は毎年毎年、寄付をする自治体を変更しているのです。

そのような中、２０１６年に選択した自治体は以下のとおりです。

宮崎県小林市

数量限定であり、たまたまサイトを見たら在庫があり選択。しかし、高級ブドウ４kgであり、賞味期限的に厳しいので、近所におすそ分けしました。

高知県南国市

まだ、すべては届いておりませんが、メロン、イチゴ、スイカの年３

回の定期便です。

兵庫県高砂市

世界の誇るブランド「神戸牛」に初チャレンジしました。
まさしく最高級の味でした。
来年も選択する可能性大です。

なお、高砂市以外については、抜かりなく、クレジットカードで入金しており、２％のポイントも獲得しているのです。

おわりに　不透明な市場での正しい投資法

本書を書き終えた日に、米大統領選の開票動向を巡って世界の株価は大きく乱高下しました。11月9日の日経平均の終値は919円安となりましたが、翌日の日経平均株価は大幅反発し、今年最大の上げ幅となる1092円の値上がりとなりました。

まさしく、予断を許さない状況であり、不透明な市場と感じておりますが、個人的には、波はあっても今後の日経平均は少しづつ下がっていくのではないかと予想しています。

もちろん、私だって保有銘柄が30近くあるので、日経平均は上昇する方がいいには決まってます。しかし、日本、アメリカ、世界の景気動向を見る限り、日経平均が2万円回復、2万5千円を目指すというようなことは考えがたいと思ってます。

しかし、地合いが悪いなかでも、種銭を貯めて、資産構築をすることはとても大切です。そこで、10万円以下の株式に着目して本書を執筆しました。

地合が悪いときこそ株は投資チャンスだとも言えるのです。下がったときに購入することができれば、上昇時のキャピタルゲインも取りやすくなります。

仮に購入後、下がり続けたとしても、優待や配当がなくならない限りは、普通預金の何十倍もの恩恵に預かれますので、問題はありません。

もちろんそうは言っても、1円でも安く購入するようにしましょう。

ぜひとも日頃からの情報収取で種銭を稼ぎ、10万円が貯まるごとにまずは1銘柄を購入することにチャレンジしてみてください。

本書を執筆するにあたりましては、家計再生コンサルタント、ファイナンシャルプランナーの横山光昭氏、コンテクスチュアル・インベストメンツ マネージング・ディレクターの広瀬隆雄氏、マネックス証券、東洋経済社、ぱる出版の瀧口氏、荒川氏のご理解・ご協力には大変感謝するところであります。

ＪＡＣＫ（ジャック）

個人投資家。

バーテンダー、予備校講師、サラリーマンと多彩な職歴を歩む傍ら、IPO（新規公開株）を中心に２億円近くまでの資産を稼ぐ。

現在は、株式投資を主戦場としつつも不動産投資やFX投資にも開眼して、株式投資同様、必殺技を構築しつつある。

今後、株式投資はもちろんのこと様々な領域でどのような新たな投資法を発掘するかが非常に注目されている投資家である。

「日本証券新聞」にてコラム連載。

HP：http://members3.jcom.home.ne.jp/echoes2001/
blog：http://www.jack2015.com/
twitter：@jackjack2010

１万円を１年で100万円に！

はじめての人の「株式」投資生活

2016年12月12日　初版発行
2017年 2月21日　4刷発行

著　者　ＪＡＣＫ
発行者　常塚嘉明
発行所　株式会社 ぱる出版

〒160-0011　東京都新宿区若葉1-9-16
03（3353）2835—代表　03（3353）2826—FAX
03（3353）3679—編集
振替　東京 00100-3-131586
印刷・製本　中央精版印刷(株)

ISBN978-4-8272-1025-5 C0033